KB173856

지금이라도 집을 사야 할까요?

지금이라도 집을 사야 할까요?

초판 1쇄 인쇄 2021년 10월 18일
초판 1쇄 발행 2021년 11월 1일

지은이 • 김병권(부동산아저씨)
발행인 • 강혜진
발행처 • 진서원
등록 • 제 2012-000384호 2012년 12월 4일
주소 • (03938) 서울 마포구 월드컵로 36길 18 삼라마이다스 1105호
대표전화 • (02) 3143-6353 / **팩스** • (02) 3143-6354
홈페이지 • www.jinswon.co.kr | **이메일** • service@jinswon.co.kr

편집진행 • 임지영 | **기획편집부** • 한주원, 오은희 | **표지 및 내지 디자인** • 디박스
종이 • 다올페이퍼 | **인쇄** • 보광문화사 | **마케팅** • 강성우

ISBN 979-11-86647-82-0 13320

진서원 도서번호 21012
값 17,000원

지금이라도 집을 사야 할까요?

김병권(부동산아저씨) 지음

진서원

지금이라도 집을 사야 할까요?

"지금이라도 집을 사야 할까요?"

요즘 가장 자주 듣는 질문이다. 어떠한 재화를 살 때 가격의 싸고 비쌈을 떠나서 살까, 말까를 고민하는 경우가 많다. 하물며 다른 재화에 비해 상당히 고가인 집을 살 때에는 고민이 더욱 커지는 것은 당연하다. 특히나 요즘처럼 집값 상승곡선의 각도가 가팔라질수록 생각이 많아진다.

이런 질문을 누군가에게 할 때에는 이미 마음속에 '나도 집을 사고 싶다!'라는 생각을 어느 정도 갖고 있다고 볼 수 있다. 그러므로

'사야 한다!' 또는 '사지 말아야 한다!'라는 답을 듣고 싶은 것이 아니라 '지금 사야 하는지' 아니면 '나중에 사야 하는지'에 대한 타이밍에 대한 답을 듣고 싶다는 말이 된다.

그런데, 특이한 것은 해당 질문은 유주택자보다는 무주택자가 더 많이 한다는 것이다.

무주택자들이 타이밍을 더 따지는 이유!

이처럼 타이밍을 생각하는 것은 집을 사서 조금이라도 손해를 보고 싶지 않기 때문이다. 현재의 가격이 싸고 비쌈도 중요하지만, 더욱 중요한 것은 집을 사게 되면 자신이 매수한 가격에서 조금이라도 떨어지지 않았으면 하는 것이다.

왜냐하면, 집을 사기 위해 투하되는 자금은 피땀 흘려서 모은 소중한 '근로소득' + 부담스러운 은행의 '대출금'이기 때문이다. 그래서 집을 사서 돈을 버는 것도 중요하지만 만약에 집값이 떨어져서 손해를 보게 되면 정말 큰일이라는 생각을 하게 된다. 원금보장은 무조건 되어야 한다는 생각 때문에 하루하루 집값에 예민하게 반응한다.

그러므로 가격이 더 올라갈 것이라면 영끌이라도 해서 지금 매수를 할 것이고, 보합 또는 하락할 것이라면 관망하는 자세로 근로소득을 더 모으면서 당장 무리하지 않고 매수를 나중으로 미루겠다는 생각이다.

무주택자들은 집값이 상승해서 얻게 되는 소득을 불로소득이라고 생각하기 때문에 이런 불로소득보다는 자신의 근로소득을 더욱 소중하게 생각하며 의미를 부여하는 경향이 강하다. 대출금도 자신의 근로소득으로 갚아야 하기 때문에 큰 부담으로 여긴다. 참고로 다주택자들 혹은 부자들은 대출금을 자신의 근로소득으로 갚을 생각을 절대 하지 않는다.

그런데 재밌는 것은 이런 질문을 하는 무주택자들에게 "왜 집을 사고 싶으세요?"라고 물어보면 열이면 열, 실거주목적 때문이라고 답한다.

이런 질문은 상대방을 참으로 부담스럽게 만든다

본인 스스로 단기적인 집값에 대한 확신이 없으므로 이러한 질문을 하게 되는데 질문을 받는 사람 입장에서는 참으로 난감하면서 부담이 될 수밖에 없다.

이는 단기적으로 집값이 상승할지 아니면 하락할지를 맞혀달라는 것과 같기 때문이다. 그리고 차마 겉으로 표현은 하고 있지 않지만 이 질문 속에는 '나는 당신을 믿고 있습니다. 그러니 틀린 답을 알려줘서 손해를 보게 되면 당신 탓을 하겠습니다!'라는 엄청난 협박(?)이 내포되어 있는 셈이다. 문제는 나를 포함한 소위 부동산전문가라는 사람들에게는 이러한 단기적인 가격의 등락을 맞힐 재간이 없다는 것이다.

집값을 장기적인 관점으로 바라볼 땐 상승에 베팅을 하라고 권하겠지만 단기적인 관점에서는 어느 쪽에 베팅을 하라고 쉽게 권하기가 어렵다. 특히나 내가 아닌 다른 사람의 투자를 위한 것이라면 더욱 그렇다.

무주택자일수록 '단기투자'에 집착한다?

부동산 가격은 예측은 할 수 있지만 맞힐 수 있는 영역은 아니다. 특히 단기적인 가격은 더욱 그렇다. 그런데 무주택자들일수록 예측을 넘어 자꾸만 맞히려고 한다. 그러나 안타깝게도 예측은 누구나 할 수 있지만 맞히는 것은 누구나 할 수 없다.

결론부터 말하자면 실거주가 주목적인 무주택자는 '제2의 IMF' 또는 '금융위기' 정도의 매머드급 하락요인이 없는 한, 집을 사고 싶다는 생각이 들었을 때 최대한 빨리 사는 것이 좋다.

이러한 매머드급 하락요인이 발생한다 해도 결국 시간이 흐르면 가격은 원래의 가치를 찾아 제자리로 회복된다는 것을 과거 학습을 통해서 이미 알고 있다. 그리고 시간의 흐름이 더해질수록 그 이전의 가격을 뛰어넘게 되는 경우가 많다. 그러므로 장기적으로 접근했을 경우 집을 사서 손해 보기란 쉽지가 않게 된다.

이처럼 우리가 타이밍에 집착하는 것은 이러한 가격상승이 무조건 우상향곡선만을 그리며 상승하는 것이 아니라 하락과 상승을 반복하면서 점진적으로 우상향을 하기 때문이다. 즉, 무주택자가 지금 집을 사야 할지 말아야 할지 망설이는 것은 주된 목적인 '실거주'와 '장기적인 투자성'에서 벗어나 은연중에 '단기적인 투자성'에만 치우치고 있기 때문이다.

실거주라면 단기적 가격 요인에 흔들리지 말 것!

실거주목적으로 주택을 구입하는 것이라면 이러한 단기적인 가격요인을 크게 신경 쓸 필요가 없다. 실거주목적이라면 어차피 장기투자가 될 확률이 높기 때문이다. 짧게는 몇 년, 길게는 10년 이상을 살 수도 있기 때문에 이 기간 동안 화폐가치의 하락으로 인해 상대적으로 상승하게 될 집값을 생각해본다면 단기적인 가격을 따지는 것은 그리 큰 의미가 없음을 쉽게 알 수 있다.

물론 타이밍을 잘 맞춰서 몇천만원 저렴하게 매수하는 것도 중요하다. 하지만 이는 단기투자에 더 적합한 방식일 것이다. 실거주목적으로 구입하는 것이라면 여력이 되는 한 최대한 빨리 사서 '집 없는 서러움'과 '상대적 박탈감'에서 자유로워지는 것이 경제적으로나 정신건강에나 더 큰 이익이 된다.

이리저리 타이밍을 재는 것은 최소한 1주택을 확보한 상태에서 추가로 주택을 구입할 때 해도 늦지 않다.

'가격'이 중요한 것이 아니라 '가치'가 중요하다

'가격'은 현재의 '교환수치'를 의미한다. 가격은 단기간의 수요와 공급 그리고 사람들의 심리에 따라 시시각각 변할 수 있다. 그러므로 이러한 가격의 변화를 맞힌다는 것은 결코 쉬운 일이 아니다. 이와 반대로 '가치'는 미래의 가격을 의미한다. 어떠한 재화의 가치는 가격처럼 쉽게 변하지 않는다. 그러므로 가격을 맞히는 것보다는 가치를 제대로 파악하려고 노력하는 것이 중요하다.

가치는 언제 빛을 발하느냐의 차이가 있을 뿐 언젠가는 그 진가를 발휘한다. 그런데 무주택자들은 가격을 맞히기 위해 노력하면서 시간을 끌고 있다. 그래서 집 사기가 더욱 어렵다. 이와는 반대로 다주택자들은 가치를 파악하기 위해 노력하면서 시간을 끌지 않는다. 그래서 상대적으로 집 사는 것이 어렵지 않다. 결코 돈이 부족해서 집 사기가 더 어렵고, 돈이 여유가 있어서 집 사기가 더 수월한 것이 아님을 알아야 한다.

또한, 무주택자일수록 과거의 가격에 연연하는 모습을 보이는데 전혀 그럴 필요가 없다. 현재의 집값이 비싸다고 생각되는 이유는 우리가 과거의 집값을 알고 있기 때문이다. 하지만 이는 무주택자의 관점이다. 다주택자들이 집을 더 사 모으는 것은 이처럼 과거의 가격을 몰라서가 아니라 미래의 가치에 비중을 두고 있기 때문이다.

중요한 것은, 오늘은 비싸다고 생각됐지만 3년 후 5년 후쯤에 생각해보았을 때는 '그때가 정말 저렴했어!' 혹은 '그때 샀어야 했는데!'라고 탄식하는 일이 분명 있을 거라는 것이다. 그러므로 가격에 비중을 두기보다는 가치에 더 비중을 두고 접근해야 한다.

왜 상승기에만 집을 사려고 몰려들까?

집을 살 때 조금이라도 저렴하게 매수하고 싶은 마음은 누구에게나 있다. 그렇다면 하락기에 집을 사야 하는데 재미난 것은 "지금이라도 집을 사야 할까요?"라는 질문을 하락기일 때보다는 상승기에 훨씬 많이 듣게 된다는 것이다. 조금이라도 저렴하게 사고 싶다면 하락기에 집을 사야 하는데 막상 집값이 안정화 또는 하락시장으로 접어들면 사람들은 더 떨어질지도 모른다는 불안심리와 더 떨어지면 더 저렴하게 사야겠다는 욕심 때문에 좀처럼 매수 타이밍을 잡지 못하게 된다.

그러다가 다시 회복장으로 접어들었을 때, 그래서 가격이 상승하기 시작하면 그제야 하락기에 사지 않은 것을 후회하며 무리를 해서라도 집 사는 것을 심각하게 고민하는 불나방이 된다. 그러면서 "지금이라도 집을 사야 할까요?"라는 철 지난 질문을 반복해서 던진다.

우리는 상승기에 불나방이 되어 타버리기보다는 불꽃이 되어 태우는 역할을 해야 한다. 어쩌면 실거주목적으로 1주택을 매수하는 것이라면 청개구리 정신이 필요하다는 생각이 든다. 그러므로 무주택자라면 이것저것 너무 재지 말고 유주택자의 길로 최대한 빨리 발을 담그길 바란다. 일단 담가놓는 것이 중요하다.

상승장에서는 자신이 매수한 가격보다 올라갈 확률이 높기 때문에 좋고, 하락장에서는 어제 사려 했던 가격보다 저렴하게 매수를 할 수 있기 때문에 좋다. 중요한 것은 상승장이냐, 하락장이냐에 따라 단기간 내의 가격 등락은 있겠지만 경험상 장기적인 관점에서 가격을 바라보았을 땐 우상향했다는 것이다. 그러니 제발 무주택 실거주자라면 지금 살지, 말지에 대해서 너무 고민하지 않았으면 한다.

덧붙이는 조언, 대출에 대한 관점부터 바꾸자!

무주택자일 때와 유주택자일 때에는 대출에 대한 생각이 다를 때가 많다.

무주택자일 때에는 막연하게 대출받는 것 자체를 두려워한다. 그래서 가급적 적은 액수를 받으려 하고 자신의 근로소득에서 지출되는 원리금이 너무 아깝다는 생각에 대출금을 최대한 빨리 갚으려고 노력하는 경향이 있다. 하지만 유주택자(특히 다주택자)들은 혹시라도 대출을 못 받게 될까봐 두려워한다. 그리고 받을 수만 있다면 최대한 많은 액수를 받으려고 한다. 자신의 자본소득이 원리금을 감당해주고 있기 때문에 지출되는 원리금을 전혀 아깝다고 생각하지 않는다. 또한, 시간의 흐름에 따라 화폐의 가치가 하락할수록 '빚'은 채무자의 편이라는 사실을 너무나 잘 알고 있기 때문에 대출금(원금)은 최대한 천천히 갚으려고 노력한다.

내 집 장만의 꿈과 경제적 윤택함은 '저축+절약'으로만 이루어지는 것은 아니다. '+알파'가 필요하다. 집을 사서 절대 손해 보지 않겠다는 부정적인 생각에 휩싸여 가격에 대한 고민으로 시간을 늘리기보다는, 제대로 된 가치 파악을 위한 안목과 '+알파'가 무엇인지를 깨닫기 위한 시간을 더 늘리기 바란다. 그리고 긍정적인 생각으로 망설임 없이 실천하기를 바란다.

이 책을 읽고 있는 독자들에게

나는 최소한 이 책을 읽는 독자들 중에는 무주택자가 없었으면 한다. 설령 지금 무주택자라 하더라도 빠른 시일 내에 유주택자가 되기를 바란다.

당신은 분명 유주택자가 될 수 있으며 행복한 자산가가 될 수 있다. 흙수저 출신인 내가 그런 것처럼…….

이 책을 통해 무주택자에서 유주택자로, 그리고 유주택자에서 더 큰 자산가로 변화되는 삶이 되기를 진심으로 바란다.

writer 부동산아저씨 김병권

목
차

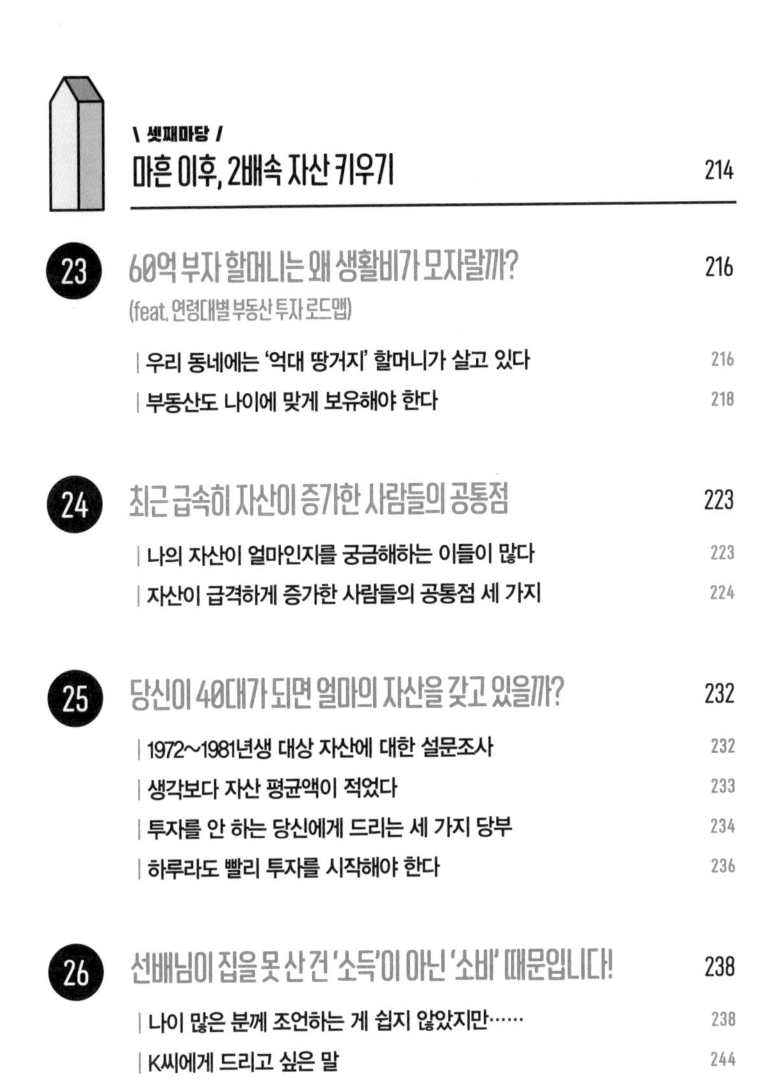

\ 셋째마당 /

마흔 이후, 2배속 자산 키우기 214

이제 막 서른을 넘긴 당신에게

첫째
마당

부모님이 대출받는 걸 너무 싫어하세요!

사회초년생이라면 첫 독립은 월세 대신 전세로!

2021년 2월, 20대 후반의 K가 첫 직장 발령으로 자취방을 구한다며 우리 사무실에 방문했다.

보증금 2,000만원에 월세 30만원 미만의 방을 찾는다고 했다. 사회초년생이어서 돈을 모아 결혼도 하고 집도 사야 한다며 최대한 월세 부담을 줄이고 싶어서 저렴한 방을 찾고 있다고 너스레를 떨었다.

나는 월세 대신 연 2% 금리로 전세보증금의 90%까지 대출이 가능한 상품이 있다는 것을 K에게 알려주었다. 그리고 대출을 받아서 이자를 내는 돈이 월세를 내는 돈보다 훨씬 적다는 것도 비교해서 설명해주었다.

제법 똘똘해 보였던 K는 며칠 후 월세 대신 전세를 택해서 계약했다. 그리고 전세 8,000만원짜리 원룸에 6,000만원을 2% 미만의 금리로 대출을 받아서 무사히 이사까지 마쳤다.

K는 최초 월세를 30만원까지 생각했다. 그런데 대출을 받아 전세를 구하게 되면서 상태가 더 좋은 방에 살면서 월 이자로 약 10만원 정도만 부담하면 되기 때문에 최초 생각했던 월세보다 20만원 정도를 아낄 수 있었다.

부모님이 전세자금대출에 대해 부정적이세요

K가 음료수 한 박스를 사 들고 다시 방문했다. 집을 구할 때 너무 감사했다며 인사를 온 것이다. 그러면서 자신이 앞으로 어떻게 재테크를 해야 할지 조언을 구하고 싶다는 말을 조심스럽게 덧붙였다. K는 이번에 자취방을 구하면서 많은 생각을 하게 되었다고 했다. 고지식한 성격과 사고방식 때문에 그동안 자신의 삶에는 융통

성이란 없었고 그저 근면과 성실이 최고의 덕목인 줄 알고 열심히 만 살아왔다고 했다. '방법론' 또는 '방향성'에 대해 제대로 알려줄 사람이 주변에 없다는 것이다.

K는 나에게 다음과 같이 자신을 소개하였다.

저는 스펙만 놓고 보면 '준엄친아' 정도는 됩니다. 학창시절, 지방에서 공부를 제법 잘해서 서울 상위권대학인 Y대를 졸업하고 현재는 7급 공무원으로 일하고 있는 사회초년생입니다.

저의 인생을 돌아보면 부모님께 기쁨을 드리는 삶을 살고자 노력했던 것 같습니다. 지금도 대학 입학식 때가 생각납니다. 경상도 분이어서 평상시 별다른 표현이 없으셨던 아버지가 "네가 태어났을 때가 제일 기뻤고, 그리고 그다음으로 오늘이 제일 기쁘구나!" 라고 말씀하셨을 때, 아버지의 눈에 맺혀 있는 기쁨의 눈물을 보았습니다.

대학 입학 후에도 부모님의 기대에 부응하기 위해 열심히 공부에만 매진을 했습니다. 또한, 경제적 부담을 덜어드리기 위해 틈틈이 과외 알바로 기본적인 생활비를 감당했습니다. 사내자식은 나랏일을 해야 한다는 고지식한 생각을 갖고 계신 아버지의 영향을 받아서인지 저도 모르게 공무원이라는 직업을 택하게 되었고요.

대학 졸업 후, 고3 때보다 더 열심히 공부한 결과 2년 만에 목표했던 7급 공무원 시험에 합격을 할 수 있었습니다. 대기업에 입사한 대학동기들에 비하면 적은 연봉이지만 정년 보장과 연금이라는 메리트가 있어 만족하면서 열심히 다니고 있습니다.

그런데, 요즘 고민이 생겼습니다. 매달 일정한 액수의 급여로 인해 예전에 비하면 경제적 안정감은 생겼지만 아이러니하게도 마음 속 불안감은 점점 커집니다.

직장 상사와 선배들은 부동산과 주식에 투자를 하고 있는 것 같은데 저는 도통 감을 잡지 못해 답답한 마음만 가득합니다. 안타깝게도 제 주변에는 이런 방향에 대해서 이야기해줄 만한 분이 전혀 없습니다. 특히, 저희 부모님은 대출에 대해서 굉장히 부정적이시고 걱정을 많이 하시는 편입니다. 그래서 제가 이번에 대출을 받아서 전세방을 구한다고 말씀드렸을 때 "분수에 맞는 집을 구해야 한다!"라고 하시면서 대출부터 갚고 돈을 모아서 나중에 전세로 옮길 것을 당부하셨답니다.

생각해보면 이번에 처음으로 부모님 말씀을 거역(?)했던 것 같습니다. 처음에는 저 역시 두렵고 겁이 났지만, 그때를 계기로 지금은 대출에 대한 부정적인 생각이 많이 줄어들었습니다.

막연하게 돈을 많이 벌고 모아서 서울에 신축급 아파트를 장만하고 싶고 남들처럼 좋은 자동차도 타고 싶은데 저와 같은 사회초년생은 어떤 방향성을 갖고 미래를 준비해야 할까요?

K씨에게 말해주고 싶은 세 가지

첫 번째, '근로소득'과 '자본소득'의 차이를 알자!

사회초년생들의 재테크에서 가장 먼저 해야 할 것은 '근로소득'과 '자본소득'에 대한 개념을 정확하게 파악하는 것이다. 자본주의에서 소득은 크게 근로소득과 자본소득으로 나누어진다.

근로소득은 자신의 노동력을 투하해서 벌어들이는 돈이다. 대표적인 예가 월급이다. 이와는 반대로 자본소득은 일정한 시스템에 의해서 자신이 일을 하지 않더라도 벌어들이는 돈을 말한다. 노동력, 시간, 장소에 구애받지 않고 벌어들이는 소득이다. 대표적인 예가 월세, 시세차익, 배당금, 예금이자 등이다.

우리가 좋은 직장에 취업하려는 가장 본질적인 이유는 아마도 좋은 근무환경에서 많은 급여를 받기 위함이라고 생각한다. 그래서 우리 부모님들은 자식들이 열심히 공부해서 좋은 대학을 졸업하고, 명함을 내밀면 누구나 알아줄 만한 곳에 취업을 해서 안정적인 삶을 살기를 바란다.

그런데 근로소득은 '노동력'과 '시간'을 투하해서 벌어들이는 소득이기 때문에 나이가 들수록 분명하게 한계가 존재할 수밖에 없다.

그러므로 좋은 직장에 취업했다고 해서 앞으로의 경제적인 고민이 모두 해결되는 것이라고 생각해서는 안 된다. 좋은 직장에 취업을 했다는 것은 자본주의 사회를 살아가기 위한 출발선에 남들보다 조금 유리한 위치에 선 것에 불과하다. 아무리 좋은 출발선에 섰다고 해도 열심히 달리지 않는다면 결승선에 상위권으로 들어갈 수 없다.

중요한 것은 젊었을 때 벌어들인 근로소득을 얼마만큼 빠른 시간 내에 자본소득으로 전환시키느냐에 따라 향후 경제력이 달라진다는 것이다.

20~30대 때는 열심히 일을 해서 시드머니를 최대한 빨리 모으는 것이 중요하다. 그렇게 모은 시드머니에 대출이라는 금융을 활용해서 자본소득으로 전환시키는 작업을 하루라도 빨리 병행해나가야 한다.

우선적으로 근로소득과 자본소득에 대한 개념을 최대한 빨리 그리고 정확하게 파악하는 것이 중요하다. 그리고 시드머니를 악착같이 모아야 한다.

여기서 중요한 것은 무작정 시드머니를 많이 모을 생각만 하면 안 된다. 어느 정도 시드머니를 모았다면 반드시 금융이라는 지렛대를 활용해서 자본소득을 만들 준비를 해야 한다는 것이다. 자신의 능력 범위 내에서 감당할 수 있는 좋은 대출은 결코 두려워해서는 안 된다.

두 번째, 집은 최대한 빨리 사는 것이 좋다!

개인적으로 빠르면 30대 초반, 늦어도 30대 후반 전에는 '내 집 장만'을 꼭 했으면 한다. 이렇게 이야기하면 "요즘 집값이 얼마나 비싼데 30대 때 집을 살 수가 있느냐?"라며 반문을 할 수도 있다.

집을 못 사거나, 집 사는 것을 포기한 사람들의 이야기를 들어보면 '내 소득에 비해서 집값이 너무 비싸다!'라는 생각을 갖고 있는 경우가 많다.

서울에 있는 새 아파트에서 살고 싶은 마음은 누구나 갖고 있지만 현실적으로 가격이 너무 비싸다. 그렇다고 해서 집 사는 것을 포기하지 않았으면 한다. 집이란 서울의 새 아파트만 있는 게 아니라 종류도 다양하고 가격도 다양하다. 자신이 원하는 모든 조건을 충족하는 집을 한 번에 사려고 계획하기보다는, 눈높이를 낮춰서 현재 자신의 경제력에 맞는 현실적인 가격의 집을 최대한 빨리 사기를 바란다. 그리고 그 집을 발판 삼아서 한 단계씩 자신이 원하는 집으로 다가가는 노력을 병행한다면 머지않아 분명 자신이 원하는 집에 성큼 다가서게 될 것이다.

비록 지금은 2% 부족해 보이는 집이라 하더라도 여기에 자신의 근로소득을 꾸준히 합쳐간다면 생각지도 못했던 강력한 스노우볼이 되어 자산형성에 큰 디딤돌 역할을 해줄 것이다.

우상향곡선을 그리며 달리고 있는 기차에 비록 입석이라도 최대한 빨리 올라타야 한다. 일단 올라탄 다음 자신이 원하는 창가 쪽에 빈자리가 있는지를 탐색해도 늦지 않다. 중요한 것은 기차는 계속해서 달리고 있다는 것이다.

세 번째, 자동차는 최대한 천천히 사는 것이 좋다!

약간 꼰대의 말처럼 들릴 수도 있겠지만 내 집 장만을 하지 않은 상태에서 절대 차부터 구입하는 우를 범하지 않기를 바란다. 사람마다 생각이 다르고 가치의 비중과 대상이 다를 수 있다. 그러나 최소한 경제적인 부분만 놓고 본다면 집은 최대한 빨리 사고, 자동차는 최대한 늦게 사는 것이 득이 되는 경우가 많다.

부동산과 자동차는 모두 자산이다. 다른 점이 있다면 부동산은 '플러스 자산'이 될 확률이 높고 자동차는 '마이너스 자산'이 될 확률이 높다는 것이다. 부동산은 물리적으로 더 이상 늘어나지 않는 '부증성'이라는 특성 때문에 입지가 중요하고 희소성이 부각된다. 그래서 제대로 된 부동산은 시간이 갈수록 그 가치가 점점 더

'빛'을 발하게 된다.

반면에 자동차는 얼마든지 공장에서 만들어낼 수 있다. 몇몇 클래식카를 제외하고는 희소성이 없다. 따라서 시간이 갈수록 가치는 떨어질 수밖에 없고 '빛'을 발하는 것이 아니라 '빚'이 쌓이게 된다.

특히, 외제차 구입을 고려하면서 자동차에 들어가는 유지비(할부, 보험, 주유비 등)를 근로소득으로 부담할 생각이라면 아직은 외제차를 구입할 수 있는 경제적 여유가 없다는 말과 같다.

예를 들어 월급이 700만원인데 한 달에 유지비가 200만원이 들어가는 차를 사면서 나머지 500만원으로 생활하겠다는 생각을 갖고 있다면 아직은 그 차를 살 만한 경제력이 되지 않았다는 것이다. 자동차에 들어가는 유지비는 근로소득으로 감당하는 것이 아니라 자본소득이 감당해주어야 하기 때문이다.

그러므로 자신의 근로소득으로 자동차를 구입할 생각이라면 최대한 저렴한 차로 알아보아야 한다. '가성비'에 중점을 두고 차를 선택해야 한다.

이와는 반대로 자본소득으로 구입할 생각이라면 감당할 수 있는 범위 내에서 최대한 좋은 차를 사야 한다. 이때에는 '가심비'에 비중을 두고 차를 선택한다.

요즘 20~30대 사회초년생들은 취업을 하자마자 그동안 고생한 자신에게 주는 선물이라며 4,000만~5,000만원짜리 자동차부터 할부로 사는 경우가 종종 있다. 이는 나중에 경제적으로 후회하게 될 가능성이 높다. 40대 이후에 후회하지 않으려면 집을 사기 전에 자동차부터 사는 것은 지양해야 한다.

그래도 차를 꼭 사야겠다면 가성비를 먼저 생각해보기를 바란다.

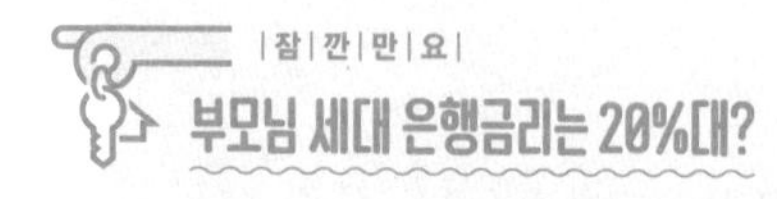

| 잠 | 깐 | 만 | 요 |

부모님 세대 은행금리는 20%대?

이자가 높을 땐 은행 예적금이 최고!

1970년대의 은행금리는 20%대였고, 1980년대는 15%대였다. 그리고 우리가 현재 살아가고 있는 2020년대는 1금융권은 1%대, 2금융권은 2%대의 저금리시대다.

고금리시대를 겪었던 기존의 세대들에게는 이자를 많이 주는 저축은 무엇보다도 가장 훌륭한 재테크 수단이었을 것이다. 반대로 이자를 많이 부담해야 하는 대출은 아주 나쁜 것이라는 인식이 자연스럽게 자리 잡을 수밖에 없었을 것이다. 그러므로 아직도 어르신 중에는 대출을 받아 집을 산다고 하면 무조건 말리는 분들이 많다. 그분들에게 집이란 돈을 저축해서 사는 것이지, 은행에서 대출을 받아서 사는 것이 절대 아니라는 인식이 남아 있다.

저금리 시대, 재테크 세대 차이는 당연!

하지만 저금리 시대인 요즘, 장기저축을 하는 순간 자신도 모르는 사이에 자산이 감가되어 손해를 보게 되는 상황에까지 이르게 되었다. 그래서 부자들은 돈을 은행에 묶어두기보다는 어떻게 하든 투자를 하려고 한다. 그것도 자신의 돈이 아닌 은행의 돈을 빌려서 말이다. 그들은 저렴한 이자로 돈을 빌려서 물가상승률 이상의 수익률을 거둘 수 있는 방법을 알고 있기 때문이다.

1970~1980년대를 살았던 윗세대 최고의 재테크는 은행 저축이었지만, 지금은 아니다. 금리 변화로 인해 생긴 윗세대의 저축과 지금 세대의 저축의 차이를 인식하는 것이 중요하다.

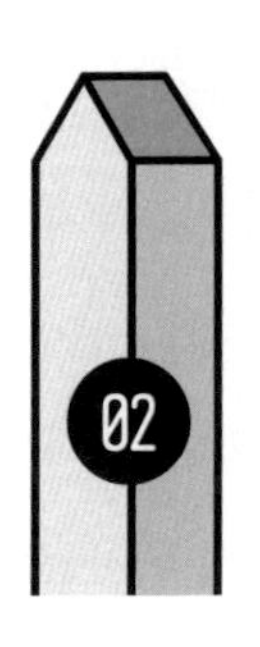

돈을 모으면 전세자금대출부터 갚겠다고요?

공돈이 되어버린 전세보증금의 향방은?

2018년도 봄에 사촌동생 A를 만났다. A의 남편은 직업군인이어서 2~3년에 한 번씩 주기적으로 근무지가 바뀐다고 했다. 그래서 신혼 초 맞벌이 시절에는 어쩔 수 없이 주말부부로 살았다. 그러다가 A가 일을 그만두면서 남편이 살고 있는 군인관사로 살림을 합쳤다고 한다.

이런저런 이야기를 하다가 우연찮게 재테크에 대한 이야기를 나누게 되었다. A는 나에게 자랑을 하듯 관사로 살림을 합치면서 기존에 살고 있었던 아파트 전세보증금 2억5,000만원 중에서 전세자금대출로 받은 9,000만원을 은행에 상환했다고 했다. 그리고 나머지 순수자산인 1억6,000만원은 2년 만기 정기예금에 들어놓았다고 했다. 그러면서 금리가 높은 저축은행이어서 연 2.4%의 이자를 받을 수 있다고 덧붙여 자랑을 했다. A가 생각하기에는 제법 괜찮은 재테크였던 것이다.

계산상으로는 일단 전세자금대출로 받은 9,000만원을 상환했으니 그에 따른 이자 약 월 22만원(연 3% 기준)에 대한 부담이 없어졌다. 그리고 순자산인 1억6,000만원을 연 금리 2.4%짜리 예금에 가입해놓아 매달 약 32만원이라는 돈을 이자로 받게 되었다. 이로 인해 매달 약 54만원 정도의 경제적 이득을 보게 되었으니 누구에게라도 자랑하고 싶었을 것이다.

전세 끼고 집을 사는 게 어떨까?

하지만 나는 전혀 그렇게 생각하지 않았다. 그저 한숨만 나왔다. 만약 나였다면 역세권에 위치한 소형아파트를 전세를 끼고 사놓았을 것이다. 그것이 수익률 면에서 훨씬 높다는 것을 경험상 잘 알고 있기 때문이다.

쉽지는 않겠지만, 3년 전인 2018년도 봄이었기 때문에 마음먹고 찾아보면 전세 끼고 투자할 수 있는 서울 역세권 소형아파트가 제법 있었다. 특히, 역세권 소형아파트는 실수요자와 투자자들이 선호하기 때문에 특별한 호재가 없어도 가격상승이 꾸준한 편이다. 그 당시 나는 당장 정기예금을 해약하고 역세권에 위치한 소형아파트를 전세 끼고 사라고 조언해주었다. 그리고 투자할 만한 아파트도 알아봐주었다.

예금을 끝까지 고수한 A, 시세차익 3억 8,000만원을 놓치다

최근 사촌동생 A의 소식을 다시 들었을 때, A는 내가 추천해준 아파트를 사지 않았다고 했다. 그리고 2.4%의 금리를 포기하지 못하고 정기예금 만기를 다 채웠다고 했다. 2018년 4월경에 A에게 소개해준 9호선 라인의 20평형대 아파트는 그 당시 평균 실거래가가 4억9,000만원, 전세가는 3억3,000만원선이었다. 그러던 것이 2021년 8월, 평균 실거래가가 8억7,000만원이 되었다.

만약 A가 2.4%의 금리를 포기하고 9호선 라인의 해당 아파트를 샀다면 3억8,000만원 정도의 시세차익을 누릴 수 있었을 것이다.

'은행금리 2.4% vs 시세차익 3억8,000만원'은 너무도 큰 차이의 수익률이다.

A를 포함한 많은 사람들은 나름 자신이 재테크를 잘하고 있다고 생각한다. 하지만 1970~1980년대처럼 초고금리시대가 아니므로 은행 금리에 연연하며 정기예금에 소중한 내 자산을 맡길 이유가 전혀 없다.

몇 년 전에 한 시중은행에서 '쑥쑥크는아이적금'이라는 타이틀로 최대금리 5.5%짜리 상품이 출시된 적이 있었다. 수많은 아기 엄마들이 그 적금에 가입하기 위해서 새벽부터 해당 은행지점에 줄을 섰다. 그리고 지역마다 맘카페에서는 어느 지점이 대기자가 적으며, 가입 가능성이 높은지에 대한 정보가 넘쳐났던 기억이 있다.

그런데 중요한 건 최대로 가입할 수 있는 금액의 한도가 월 10만원이었다는 것이다. 최대 금리로 적금에 가입한다 해도 5년 만기 후 받을 수 있는 최대치의 이자가 세후 약 70만원 정도인 것이다. 1~5년까지의 기간으로 가입이 가능하며, 5년으로 가입했을 때 가장 높은 3.5%의 기본금리를 받을 수 있었다. 여기에 해당 은행에서 제시하는 모든 조건을 충족했을 때, 우대금리 1.5% 및 특별금리 0.5%를 추가로 받을 수 있었다. 즉, 이러한 조건을 모두 충족했을 때에만 최대 5.5%의 금리가 가능한 것이었다.

일반 저축상품에 비해 높은 금리가 굉장한 메리트인 것처럼 보였지만 가입할 수 있는 금액의 한도가 월 10만원 이내로 정해져 있었기 때문에 실질적으로 큰 혜택이 없는 상품이었다. 그저 해당 은행의 홍보에 수많은 엄마들이 희생된 것일 뿐이다.

진짜 재테크는 은행 밖에서 시작된다

이런 금융상품들은 나의 관점에서는 새벽부터 줄을 서서 투자할 만한 대상이 아니라고 생각된다. 그러니 제발 쥐꼬리만 한 금리에 연연하지 않기를 바란다.

재테크의 시작은 은행에 대한 생각을 바꾸는 것에서부터 시작한다. 은행은 시드머니를 만들 때 돈을 잠시 맡겨놓는 장소일 뿐이다. 그리고 빌리는 곳일 뿐이다. 결코 돈을 불려주는 곳이 아니다. 이 사실을 정확하게 인지하고 있어야 한다.

현재의 저금리 기조는 특별한 일이 없는 한 지속될 것으로 보인다. 그러므로 은행 저축과 금융상품만으로 부자가 되겠다는 생각은 아예 버리는 것이 좋다.

돈은 모으는 것도 중요하지만 어느 정도 모았다 싶으면 잘 굴려야 큰돈이 되는 것이다. 예전처럼 모으기만 해서는 절대 경제적으로 자유로워질 수 없다.

무주택자일수록 집값 하락을 걱정할 필요가 없다?

A는 2018년도에는 집을 안 샀고 2021년도인 현재에도 집값이 너무 올라서 못산다고 했다. 또한, 설령 영끌해서 겨우 집 살 돈을 맞출 수 있다고 하더라도 너무 급격하게 올라버린 집값이 혹시라도 떨어질까봐 집 사는 것이 두렵다고 했다.

그러면서 2018년도에 만났을 때, 자신에게 조금 더 강하게 집 살 것을 권유해주지 않은 것에 대해 원망스러워 했다.

이건 또 무슨 헛소리인가? 나는 늘 한결같이 집을 사라고 했다. 3년 전인 2018년도에도, 그리고 3년 후인 지금도…….

A는 지난 3년 반 동안 직업군인인 남편의 외벌이 수입을 알뜰살뜰 모아 6,000만원 정도를 모았다고 한다. 그래서 이제는 순자산이 약 2억원이 조금 넘는다고 했다. 안타까운 사실은 그사이 집값은 3억8,000만원이 올라갔다는 것이다. 그리고 더욱 안타까운 사실은 화폐가치가 떨어지는 것 이상으로 실물자산의 가치는 더 빠른 속도로 올라가고 있다는 것이다.

악담같이 들릴 수도 있겠지만 A는 2022년도에도 그리고 2023년도에도, 특별한 계기가 없는 한 계속해서 집을 못 사게 될 것이다.

무주택자일수록 첫 집에 대한 가치를 내 집 장만이라는 만족에 두어야지 투자에 더욱 비중을 두면서 가격의 등락을 걱정해서는 안 된다. 이리 재고 저리 잴수록 내 집 장만이라는 꿈은 점점 멀어져만 간다는 것을 알아야 한다.

나는 사촌동생 A에게 오늘도 빨리 집을 사라고 권하고 싶다.

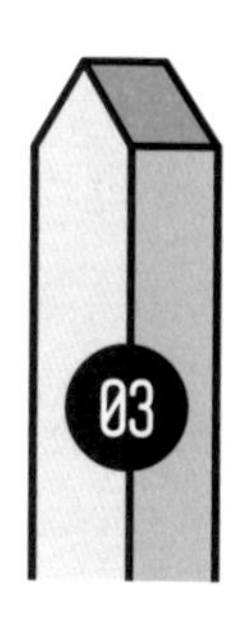

때로는 월세살이가 내 집 마련의 지름길

무주택자가 전세 대신 월세를 선택해야 할 때

매달 고정적으로 돈이 나가는 월세보다는 전세를 선호하는 경향이 크다. 물론 시드머니가 없는 사회초년생에게는 필요한 선택이지만 모두에게 해당하는 이야기는 아니다.

나는 집 문제로 상담을 받으러 오는 사람들에게 가장 빠르게 집을 장만하기 위해서는 "전세보다는 월세로 살아야 한다."라고 조언을 해준다. 집을 사기 위해서는 돈을 모아야 하는데, 전세보다 월세를 살아야 한다고 하니 참 모순처럼 들린다.

자금 여유가 충분해서 내 집 장만과 동시에 그 집에 바로 실입주를 할 수 있다면 가장 좋을 것이다. 하지만 문제는 돈이 부족할 때다. 시드머니를 모으긴 모았는데 집을 사기에는 아직 부족하다고 생각이 들 때가 많다. 그러다가 전세를 선택하고 몇 년 더 돈을 모아서 그때 집을 사겠다고 시기를 미루게 된다.

이럴 경우에는 전세 대신 월세를 선택해야 한다. 월세로 지출되는 돈보다 화폐가치 하락으로 인한 부동산의 가격상승이 상대적으로 훨씬 크기 때문이다. 전세를 끼고 먼저 집을 사놓고 정작 자신은 월세로 거주할 집을 구해야 한다. 단기적으로는 손익계산을 해보아야겠지만, 장기적으로 보았을 때에는 분명 전세를 끼고 집을 사서 얻은 시세차익이 월세로 부담한 금액보다 훨씬 크다는 것을 경험하게 될 것이다.

생각의 대전환이 필요!
월세는 근로소득이 아닌 자본소득으로 내는 것

여기서 한 가지를 분명하게 알고 있어야 한다. 월세는 '근로소득'으로 내는 것이 아니라 '자본소득'으로 내는 것이다. 우리가 월세를 아까워하는 이유는 자신의 근로소득으로 월세를 내야 한다는 생각을 갖고 있기 때문이다. 그런데 분명한 것은 월세란, 근로의 대가로 받은 월급으로 내는 것이 아니라 부동산에 투자해서 얻은 시세차익으로 내는 것이다. 그러므로 월세는 경제적 부담이 아니라 더 많은 물을 끌어올리기 위한 하나의 '마중물'이라는 생각을 갖고 있어야 한다.

이와는 반대로 월세 대신에 전세를 살아야 하는 경우도 있다. '01장'의 사례처럼 돈을 모으기 시작한 지 얼마 되지 않아서 모아놓은 돈이 많지 않을 때에는, 전세자금대출 등을 활용해서 주거의 눈높이를 낮춰서라도 저렴한 전세에 살아야 한다. 저금리 기조를 유지하는 우리나라 여건상 월세로 내는 돈보다 대출이자가 훨씬 적기 때문이다.

시드머니를 만들 때에는 돈을 많이 버는 것도 중요하지만, 불필요한 지출을 최대한 줄이는 것도 중요하다. 그러므로 전세자금대출을 활용해서 대출이자를 부담하고 남는 차액까지도 모아야 한다. 어느 정도 시드머니가 만들어질 때까지는 최대한 저렴한 전세에 살아야 한다는 말이다.

전세제도가 만들어진 이유

전세제도는 우리나라에만 있는 특이한 제도다. 1970~1980년대에는 산업화와 경제발전을 위해 정부에서 주도적으로 국민들에게 저축을 장려했다. 그렇게 은행에 모인 돈을 기업에 우선적으로 대출해주었던 시기다. 개인에게는 은행의 문턱이 굉장히 높았기 때문에 '사금융(사채)'과 '계모임(곗돈)'이 자연스럽게 발달하게 되었다. 그 당시 기업이 아닌 개인이 집을 사려면 고금리 사금융을 이용할 수밖에 없었다. 이런 상황에서 전세제도는 돈이 부족한 사람들이 집을 살 때 일종의 지렛대 역할을 해주었을 것이다.

비록 사용가치는 임차인에게 양보를 해야 하지만, 임대인 입장에서는 부족한 자금을 무이자로 조달할 수 있기 때문에 금융의 문턱이 높았던 그 당시에는 굉장히 유용한 제도였다.

임대인들은 왜 지금도 전세를 놓는 걸까?

지금은 상황이 완전히 달라졌다. 개인도 신용과 담보만 확실하다면 얼마든지 저렴한 금리로 은행에서 대출을 받을 수가 있다. 그런데도 여전히 전세제도가 존재하는 이유는 임대인(투자자)의 입장에서 봤을 때 은행에서 대출을 받아서 투자를 하는 것보다 전세를 놓고 투자를 하는 것이 훨씬 이익이 되기 때문이다. 특히 투자성향이 강한 임대인일수록 다음과 같은 두 가지 이유 때문에 월세보다는 전세를 더 선호하게 된다.

첫 번째, 적은 자본으로 '처분가치'를 갖게 된다

임대인의 입장에서는 사용은 못하지만 적은 투자금으로 '처분가치'를 확보할 수 있게 된다.

임대인은 30~40%의 적은 자본으로 처분권을 갖게 된다. 이와는 반대로 임차인은 매매가 대비 60~70%의 돈을 부담하지만 사용권에 대한 권한만 가질 뿐, 처분권에 대한 권한을 전혀 가질 수 없다.

결과적으로 임차인이 더 많은 돈을 부담하지만 모든 시세차익은 임대인만 가져가게 되는 구조가 되기 때문에 전세제도를 선호한다.

두 번째, 대출 규제에서 자유롭다

요즘같이 정부에서 부동산가격을 잡겠다고 대출 규제가 심할 때일수록 부동산가격 대비 대출 가능한 금액보다 전세금으로 받을 수 있는 금액이 훨씬 많기 때문이다.

예를 들어, 서울에 있는 9억원 이하 아파트의 경우 40%의 LTV

(주택담보대출비율)를 적용받게 되는데, 8억원짜리 아파트라고 가정을 한다면 최대 대출 가능한 한도가 3억2,000만원이 된다.

이마저도 2주택 이상일 경우에는 대출 가능액은 0원이 된다. 그러나 일반적으로 이 정도 가격의 아파트를 전세로 놓는다면 5억원 정도의 보증금은 충분히 받을 수가 있다. 즉, 임대인의 입장에서는 전세보증금이라는 무이자의 돈을 더 많이 가용할 수 있기 때문에 실거주목적이 아니라면 대출보다는 전세를 놓는 것이 더 큰 이익이 된다.

무주택자의 전세금은 임대인을 부자로 만든다?

전세로 산다는 것은, 임대인의 '부' 증식에 도움을 주고자 본인의 소중한 목돈을 희생시키고 있는 것과 같다. 자신도 모르게 임대인의 경제적 성장을 위해 발판 역할을 해주고 있는 것이다.

돈이 부족할수록 '내 집 장만'과 '실거주'의 목적을 모두 만족시키는 것은 어렵다. 사람마다 삶에서 생각하는 우선순위가 다를 수는 있다. 하지만 두 마리 토끼를 모두 잡을 수 없다면 내 집 장만이라는 토끼를 먼저 잡고 실거주를 후일에 도모하는 것이 경제적인 면에서는 보다 이득이 될 것이다.

상황에 따라 '내 집 장만'을 위해 전세가 아닌 '월세'에 살 수도 있어야 한다. 그리고 이때, 매달 지출되는 월세를 결코 아깝다고 생각해서는 안 된다. 월세는 소중한 '마중물'이기 때문이다.

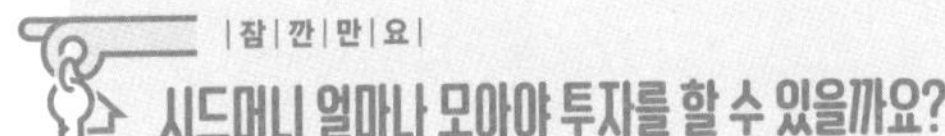

|잠|깐|만|요|

시드머니 얼마나 모아야 투자를 할 수 있을까요?

시드머니 만드는 요령

시드머니를 눈사람 만들기로 비유하기도 한다. 허허벌판에 쌓인 눈으로 눈사람을 만들기 위해서는 요령이 필요하다. 먼저 눈이 빨리 뭉칠 수 있도록 중심축을 만들어주는 것이 중요하다. 일단 중심축이 완성되면 눈을 굴릴수록 순식간에 눈덩이가 불어나는 엄청난 속도를 경험하게 된다.

나의 경우를 보더라도 시드머니가 만들어지기 전과 후에 자산증가 속도는 엄청난 차이를 보였다. 시드머니를 만들기 전까지는 오로지 돈을 모으는 것에만 집중을 했다. 그러나 시드머니가 만들어지자 모으는 것보다는 굴리는 것에 관심을 집중하게 되었다. 모으는 속도는 더뎠지만, 제대로 방향을 설정해서 굴리기 시작하니 그 속도는 엄청났다.

시드머니 목표액에 도달할 때까지는 악착같아야 한다. 쓰고 남은 돈을 은행에 저축하는 것이 아니라, 저축을 하고 남은 돈으로 생활하는 것이다. '여유저축'이 아니라 '강제저축'을 해야만 단시간 내에 돈을 모을 수가 있게 된다. 시드머니를 만들 때에는 반드시 은행 저축이 필요하며, 이때 저축의 개념은 이자소득을 높이는 것보다는 시간을 단축시켜 목돈을 만드는 것에 더 중점을 두어야 한다.

5,000만~1억원을 목표로 지금 당장 강제저축 시작!

재테크를 처음 시작하는 사람이라면 사람마다 경제력의 차이는 있겠지만 시드머니의 목표액으로 5,000만~1억원 정도를 정하는 것이 적당하다고 본다. 약간 부담이 되는 액수일 수도 있겠지만 해보면 결코 불가능한 금액이 아니다. 일단, 지금 당장 강제저축을 시작하기를 당부한다.

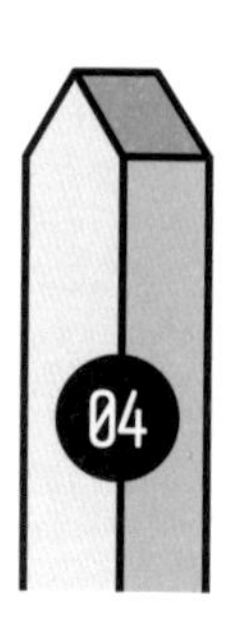

돈이 없어도 집을 살 수 있나요?

(feat. 3,500만원으로 수도권 아파트 매수 스토리)

몇억은 있어야 부동산 투자를 할 수 있다?

사람들은 부동산 투자에는 큰돈이 필요하다고 생각한다. 그래서 최소 금액이 얼마나 있어야 투자가 가능할지를 물어보면, 여윳돈이 그래도 '억' 이상 정도는 있어야 한다는 대답이 많다. 그도 그럴 것이 부동산 관련 뉴스에서 '억'이라는 말을 너무도 자주 그리고 쉽게 들었기 때문이다. 그러나 생각보다 적은 돈으로도 부동산 투자가 가능함을 알았으면 한다.

소액투자가 가능한 예로, 2019년 10월에 투자한 부천시에 위치한 25평형 아파트를 소개해보겠다.

나는 이 아파트 단지를 처음 본 순간 눈에서 하트가 생겨버렸다. 여러 가지 이유가 있겠지만 우선 지하철역까지 도보로 1분 거리 초역세권이라는 점과 전세가율(매매가대비 전세가의 비율)이 굉장히 높아서 소액으로 투자가 가능하다는 점, 그리고 매년 큰 폭은 아니더라도 매매가와 전세가가 꾸준하게 상승한다는 점이다. 그래서 소액투자로 안성맞춤이라고 생각했다.

결론부터 말하면 2019년 10월에 이 집(25평형)의 잔금을 치렀는데, 들어간 총투자금은 3,500만원이었다.

해당 아파트의 매매가는 당시 2억9,000만~3억원이었다. 그런데 2억6,500만원에 급매물이 나와 있었다. 내가 생각하기에 시세보다 저렴하게 나온 이유는 크게 세 가지 때문이었다.

초역세권 부천 25평 아파트, 급매는 다 이유가 있더라

첫 번째, 사람들이 비선호하는 탑층이었다. 18층 건물 중에 18층이었다.

두 번째, 집 관리가 엉망이었다. 1995년식으로 그 당시 24년 된 아파트였는데, 그동안 주인이 한 번도 바뀌지 않았다. 24년간 집수리를 한 번도 하지 않아 집 상태가 최악이었다. 그나마 10년 전쯤 현재 거주자인 주인의 딸이 이사를 들어오면서 싱크대 교체와 도배, 장판을 한 것이 이 집의 처음이자 마지막 수리였다.

세 번째, 반려동물이 있었다. 집주인 딸이 고양이를 여러 마리 키우고 있었는데, 집을 처음 보러 간 날을 나는 아직도 생생하게 기억한다. 솔직히 가격이 시세보다 저렴하게 나온 만큼 집 상태는 크게 기대하지 않았다. 그저 가격이 워낙 메리트가 있었기 때문에 보러 갔다.

하지만 18층, 엘리베이터에서 내리는 순간부터 나도 모르게 인상이 '팍' 써졌다. 엘리베이터 맞은편 벽면에 커다란 대자보 같은 것이 붙어 있었다. 내용인즉 '몇 호에서 고양이 똥 · 오줌 냄새가 너무 심하게 난다. 해당 호실 입주자는 각별하게 신경 쓰고 주의해달라'는 것이었다. 최대한 정중한 말투로 써내려갔지만, 그동안의 피해와 고충이 역력해 보였다.

그 글을 읽는 순간 정말 이상한 냄새가 심하게 났다. 예상했던 대로 그 집에 들어서자 여러 마리의 고양이가 숨어 있었다. 고양이털과 냄새 그리고 그 집 특유의 칙칙한 분위기가 있었다. 집이란 사람처럼 첫인상이 굉장히 중요한데, 냄새와 그 칙칙한 분위기는 두 번 다시 마주하기 싫을 정도의 나쁜 느낌이었다. 사람이 살고 있는 집이어서 신발을 벗고 들어갔지만, 밖으로 나와서 바로 양말을 벗고 싶을 정도였다.

내부를 본 순간 '이 집은 뼈대만 놔두고 싹 뜯어고쳐야 해!'라는 생각밖에 들지 않았다.

실수요자든 투자자든, 현 상태에서 이집을 살 만한 사람은 쉽게 나타나지 않을 것 같다고 판단했다. 왜냐하면, 일반적인 실수요자 입장에서는 집을 전체적으로 수리한다는 것이 굉장히 어려운 일이기 때문이다. 지역마다 금액의 차이는 있겠지만, 수도권에서 이 평형대에 2억원 중후반대의 아파트를 매매로 사서 실입주할 사람이라면 대부분 부동산에 대한 경험이 적을 확률이 높다. 신혼부부 또는 30~40대 초반에 처음으로 내 집을 장만하는 사람들일 것이다. 그것도 아니면 자녀들이 모두 출가하고 단출한 가족구성원으로 생활할 어르신들일 것이다.

그러므로 실수요자의 입장에서 이런 집을 보는 순간 난감해할 수밖에 없다. 집수리에 대한 경험이 당연히 없을뿐더러 어디서부터 어떻게 손을 대야 할지 전혀 감을 잡지 못하기 때문이다. 그래서 이런 사람들은 가격을 조금 더 주더라도 관리가 잘된 깨끗한 상태의 집을 선호하게 된다.

결과적으로 투자자가 이 집을 사서 수리를 한 후 임대를 놓아야 한다는 말인데, 그것 또한 쉽지가 않아 보였다. 보통 매매계약을 체결한 후, 중간에 임차인을 맞추고 그 임차인의 전세보증금으로 잔금을 치르는 것이 일반적인 패턴이다. 투자자 입장에서는 총매매가에서 전세보증금을 뺀 나머지 금액만을 투자금으로 생각하게 되는 것이다. 그런데 이 집은 상태가 워낙 안 좋은 편이기 때문에, 전세 세입자를 들이고 매매 잔금을 치른다는 것이 현실적으로 불가능에 가까운 일이었다.

이런 경우는 투자자가 일단 잔금을 모두 치른 후에 수리를 하고 전세를 맞춰야 한다는 결론이 나온다. 투자자 입장에서 볼 때 차라리 시세대로 주고 다른 집을 투자하려고 할 것이다. 또한, 이 정도의 아파트라면 소액투자를 원했을 텐데 초기 투자금으로 2억6,500만원에 +알파로 인테리어비까지 들어간다고 하면 차라리 다른 상급지에 투자를 하는 것이 수익률 면에서는 나을 수 있다.

역시 가격이 싼 건 이유가 있었다. 나 역시 처음에는 이 집을 포기할까 했다. 하지만 단 한마디 말 때문에 이 집에 투자하기로 마음먹었다.

나는 어느 집이든 집을 보러 가면, 거주하고 있는 사람에게 습관처럼 물어보는 게 있다.

"혹시 이사 갈 집이 정해지셨나요?" 또는 "혹시 이사 날짜가 정해지셨나요?"이다.

나는 그때도 역시 당시 거주하고 있던 주인의 딸에게 같은 질문을 했다.

이 집을 사야겠다는 확신이 든 순간

그녀는 "네, 이사 갈 집이 있어요. 그래서 이 집 계약 여부와는 상관없이 다음 달 말에 이사를 가요."라고 대답을 했다. 이 한마디가 내 마음을 설레게 했다. 그리고 이 집을 살 수 있겠구나 하는 확신이 들었다.

나는 부동산 사장님에게 집이 마음에 든다고 했다. 그리고 조건이 있는데, 그 조건만 맞으면 바로 계약하겠다고 했다.

어차피 현재 거주 중인 주인의 딸은 이사 갈 집과 이삿날이 정해져 있는 상태였다. 그러므로 다음 달 말부터는 계약 여부와는 상관없이 집이 비게 된다. 그러니 잔금을 치르기 전에 집수리를 미리 할 수 있게끔 협조를 구해달라고 했다. 그리고 사람들의 선호도가 떨어지는 탑층이라는 점과 집 상태가 최악이라는 점을 부각시켜서 매매가를 최대한 조절해달라고 했다. 생각보다 많은 금액이 깎였다. 800만원을 깎아서 2억5,700만원에 계약을 할 수가 있었다.

나는 예전부터 거래해왔던 인테리어 사장님에게 공사를 맡겼다. 그 사장님과는 인테리어 수리가 세 번째였는데, 언제나 공사 수준도 만족, 가격도 만족이었다. 보일러 배관부터 시작해서 새시, 도배, 바닥, 전등, 싱크대, 타일, 페인트, 욕실, 몰딩 등 정말 뼈대만 놔두고 싹 뜯어고쳤다. 비용은 2,300만원이 들었다.

올수리한 1803호는 고양이의 흔적은 어디에서도 찾아볼 수 없었다. 정말 새 아파트처럼 화사하게 변해 있었다. 인테리어 공사가 끝난 지 이틀 만에 당시 최고가인 2억5,000만원에 전세계약을 할 수 있었다. 그래서 나는 임차인이 이사 들어오는 날로 일정을 맞춰 잔금을 치를 수 있었다.

들어간 총투자금은 이렇다. 2억8,000만원(매매가 2억5,700만원 + 수리비용 2,300만원) − 전세 2억5,000만원 = 3,000만원. 여기에 등기비(취득세), 부동산중개수수료가 약 500만원 들어서 총 3,500만원이 들어갔다.

2021년 8월 기준, 이 집의 시세는 탑층임을 감안해도 수리가 워낙 잘되어 있어서 4억8,000만원 정도 된다. 참고로 전세임차인이 아이 학교문제로 계약기간을 6개월 정도 남겨둔 시점에서 이사를 가겠다고 했다. 1년 6개월 사이에 전세시세가 많이 올라서 2021년 6월에 3억3,000만원에 새로운 전세계약을 체결했다. 그래서 오히려 나는 최초 투자금 3,500만원을 모두 회수하고 오히려 4,500만원을 덤으로 얻었다.

총투자금		전세금		실투자금
2억8,000만원	−	2억5,000만원	→	3,500만원

□ 매매가	2억5,700만원
□ 수리비	2,300만원
□ 기타	500만원 (취득세, 중개수수료 등)

집을 살 때 가장 필요한 것은 돈보다 용기

돈이 부족하면, 더 생각하고 더 노력해야 한다. 평상시 준비가 되어 있고, 정말 간절하면 방법이 생기게 마련이다. 현대그룹 고 정주영 회장의 '해보긴 해봤어?'라는 말처럼 정말 해보기나 했는지 스스로에게 물어보아야 한다. 사람 사는 일이 정말로 궁하면 통하게 되어 있다.

시세와 절대적인 투자금은 지금과 비교할 수는 없다. 핵심은 부동산 투자는 결코 많은 돈이 있어야만 할 수 있는 것은 아니라는 것이다. 우선 젊을수록 열심히 일하고, 열심히 돈을 모으자. 그리고 부동산에 대한 관심과 투자에 대한 열정을 항상 갖고 있기를 바란다. 부동산은 생각보다 적은 돈으로도 투자가 가능함을 기억하면서 말이다.

부자들이 대출을 좋아하는 이유

좋은 대출과 나쁜 대출을 구분하는 법

많은 사람들이 대출에 대해 강한 거부감을 갖고 있다. 그래서 빚지는 것을 싫어하며, 혹시 빚이 있다면 하루라도 빨리 갚고 싶어 한다. 특히나 사회초년생들이 받는 월급은 대부분 기대치보다 적은 금액일 것이다. 때문에 대출이 있어 이자를 내야 하는 상황이 발생한다면 매달 월세처럼 빠져나가는 이자가 굉장히 아까울 수밖에 없다. 또한 '언제 벌어서, 언제 갚지?'라는 원금상환에 대한 부담감도 크게 작용할 것이다.

그런데 분명한 것은 남들보다 빠른 시간 내에 경제적 우위를 차지하고 싶다면, 대출에 대한 부정적인 인식을 버리고 상황에 맞게 대출을 받아 적절하게 활용할 줄 알아야 한다. 우리가 일반적으로 대출에 부정적인 인식을 갖고 있는 이유는 좋은 대출과 나쁜 대출을 구분할 줄 몰라서다.

대출은 받는 이유(쓰임)에 따라 좋은 대출과 나쁜 대출로 나뉜다. 대출(빚)을 받아 어떠한 행위를 했을 때, 이자를 내고도 남는 것이 있다면 '좋은 빚'이 되는 것이고, 남는 것이 없고 오히려 지출이 더 많아진다면 '나쁜 빚'이 되는 것이다. 그러므로 '대출은 무조건 나쁜 것이다'라는 인식을 버리고, 어떻게 잘 활용해서 자산을 늘릴지에 대해서 고민해야 한다.

주택담보대출은 좋은 대출의 대표주자

좋은 대출의 가장 대표적인 것이 주택 구입 시 받는 대출일 것이다. 예를 들어 8억원짜리 아파트를 구입하면서 5%의 금리로 3억원을 대출받았다고 하자. 그럼 1년 이자가 1,500만원이 된다. 1년 사이 집값이 1억원이 올랐다고 한다면, 은행이자를 빼고도 8,500만원이라는 수입이 생기게 된다. 이때 대출받은 3억원은 좋은 대출이 되는 것이다.

우리나라의 많은 기업들도 대출을 받아 사업하기를 좋아한다. 대출이자를 부담하더라도 대출금을 활용해서 벌어들이는 수익이 훨씬 크다는 것을 잘 알고 있기 때문에 기업의 입장에서는 여유자금이 있어도 더 많이 대출을 받고 싶어 한다.

반대로 나쁜 대출이란 무엇일까? 대표적으로 단순 소비재를 구입했을 때다. 예를 들어 자동차를 할부로 구입하는 경우다. 자동차는 사는 순간 중고차가 된다. 그러므로 몇몇 특수한 클래식카를 제외한 일반적인 자동차는 시간이 지날수록 감가상각되어 가치가 크게 떨어진다.

반면에 자동차로 영업을 해서 수입을 만들어내는 사람이라면 좋은 빚이 될 것이다. 이처럼 '좋은 빚'과 '나쁜 빚'으로 구분할 때에는 자산에 '플러스를 가져다주었느냐?' 아니면 '마이너스를 가져다주었느냐?'로 구분해야 한다.

부자는 남의 돈으로 재산을 불릴 줄 아는 사람

자본주의 사회에서는 타인의 돈을 활용할 줄 아는 사람이 큰부자가 될 확률이 높아진다. 부자들은 남의 돈을 이용해서 자신의 재산을 불릴 줄 아는 사람들이다.

부자들의 가장 큰 강점은 자기가 필요한 돈을 모으는 것보다 만드는 것(융통)을 더 잘한다는 것이다. 그들은 돈을 모으는 속도보다 통화량의 증가와 인플레이션으로 인한 물가상승률로 인해 화폐의 가치가 하락하는 속도가 더 빠르다는 사실을 너무도 잘 알고 있는 사람들이다. 그래서 다른 사람의 돈을 융통해서 투자하는 것을 선호한다. 그리고 이익을 만들어서 그중 쥐꼬리만 한 이자를 떼어주는 것이다.

이와 반대로 부자가 아닌 사람들은 돈을 모으는 것에만 집중하는 경향이 있다. 이마저도 모아놓은 돈을 제대로 활용하지 못한다. 고작 2%도 안 되는 이자를 받으면서 통장에 차곡차곡 쌓여가는 잔고를 보면서 뿌듯해한다. 만약 자신의 모습이 이와 같다면 금융을 제대로 활용하지 못하고 있는 것이며, 부자가 아닌 일반 소시민의 삶을 살게 될 확률이 점점 높아지고 있음을 알아야 한다.

먹고사는 걱정에서 벗어나 남들보다 많은 부를 쌓기 위해서는 대출이라는 금융을 잘 이해하고 적절하게 활용할 줄 알아야 한다. 은행은 돈을 맡기는 곳이기도 하지만, 반대로 빌리는 곳이기도 하다. 대출은 빚이라며 무조건 나쁘다는 생각만 할 것이 아니라, 자신이 감당할 수 있는 범위의 적절한 대출은 자산증식에 도움이 될 수 있다는 생각의 전환이 필요하다. 개미처럼 열심히 일을 해서 시드머니를 모았다면, 금융이라는 지렛대를 이용해서 더 큰 자본을 들어올릴 수 있는 힘을 만들어야 한다.

집값이 무거울수록 대출이라는 지렛대를 활용하자

우리가 사용할 수 있는 대출에는 유이자대출과 무이자대출이 있다. 유이자대출의 가장 대표적인 것에는 금융권의 대출이 있다. 돈을 빌리고 정해져 있는 금리로 산출된 이자를 매달 부담해야 한다. 주로 단기자금 또는 수익형부동산에 어울리는 대출의 형태다.

무이자대출도 있다. 흔히 '레버리지'라고 하는데, 주로 시세차익형부동산에서 많이 사용되는 형태다. 앞장의 사례처럼 전세를 끼고 주택을 구입하는 것이 가장 대표적인 레버리지 대출이라 할 수 있다. 전체 매수가격에서 전세보증금만큼을 뺀 나머지 금액으로 해당 주택의 소유권을 취득할 수 있게 된다.

일반적으로 전세보증금의 액수는 해당 주택을 은행에 담보로 제공하고 빌릴 수 있는 대출금액보다 큰 경우가 대부분이다. 최근 정부의 대출 규제 정책으로 인해 무주택자라 하더라도 전체 가격의 40% 이상을 대출받는 데는 여러 가지 제약이 따른다. 하지만 주택의 경우, 특히 아파트의 경우에는 매매가 대비 60~70%도 어렵지 않게 전세를 놓을 수가 있다. 무엇보다 이자 부담이 전혀 없다는 최대 장점이 있으며, 2년마다 추가 대출(전세금)을 더 받을 수 있다. 마치 화수분 또는 황금알을 낳는 거위와 같은 대출의 일종이다.

무주택자들이 집을 사기 어려운 이유는 집값이 비싸기 때문이다. 안타까운 것은 아직도 집을 살 때 필요한 돈을 자신의 근로소득으로 모두 모아서 사겠다는 생각을 갖고 있는 이들이 상당히 많다는 것이다. 집을 빨리 사기 위해서는 어느 정도 시드머니를 모았다면 반드시 대출(다른 사람의 돈)이라는 지렛대를 활용해서 무거운 집값을 가볍게 들어올려야 한다.

좋은 대출은 시간이 갈수록 채무자의 편이 된다

앞서 언급했던 것처럼 돈의 가치는 시간이 지날수록 계속해서 하락한다. 동네 중국집의 짬뽕 가격을 살펴보자. 2011년도에 4,500원이었는데, 2021년도에는 6,500원이 되었다. 해당 중국집의 짬뽕 맛과 양은 변함이 없는데 10년이라는 시간이 지나는 동안 물가상승으로 인해 화폐가치가 하락했기 때문에 동일한 음식을 먹기 위해 2,000원을 더 지불해야 한다.

이 말은 시간이 갈수록 화폐가치가 떨어져서 어떠한 재화의 가치는 변함이 없는데 가격에는 변화가 생기게 된다는 것이다. 그렇기 때문에 시간은 돈을 빌려준 채권자보다 빚을 진 채무자의 편이 되는 것이다.

1억원을 연 4%의 금리로 20년간 원금균등상환조건으로 대출을 받았을 때, 총 부담해야 하는 이자는 약 4,100만원이다. 반대로 현재의 1억원을 20년 후의 가치로 환산해보자. 매년 물가상승률이 2.5%라고 가정을 했을 경우, 20년 후 1억원의 가치는 6,500만원이 하락하게 된다. 즉, 잔존가치는 약 3,500만원이 된다. 그러므로 6,500만원에서 4,100만원 뺀 2,400만원이 채무자에게 이익이 되는 것이다.

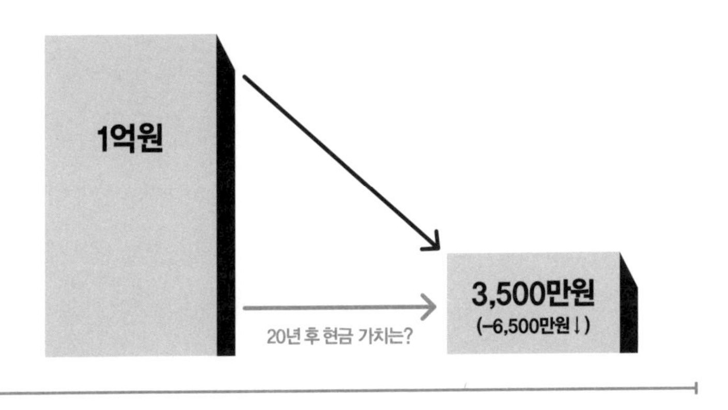

이렇듯 20년이라는 시간이 흐르는 동안 분명히 1억원이라는 돈의 가치는 하락해 있지만 채무자는 가치의 하락분을 보존해줄 필요가 없다. 단순히 1억원이라는 동일한 액수로만 상환을 하면 되기 때문이다.

한정되어 있는 소득 때문에 매달 나가는 이자가 굉장히 부담스럽고 아까울 것이다. 하지만 반대로 돈의 가치는 더 많이 그리고 빠른 속도로 하락하고 있다는 사실을 알아야 한다.

대출이란, 미래의 저렴한 가치의 돈을 약간의 이자를 부담하고 현재의 높은 가치의 돈으로 앞당겨 빌려오는 것이다. 그러므로 지금보다 더 큰 부를 만들고 싶다면 감당할 수 있는 범위 내에서 미래의 돈을 현재의 시점으로 가져다가 사용할 줄 알아야 한다.

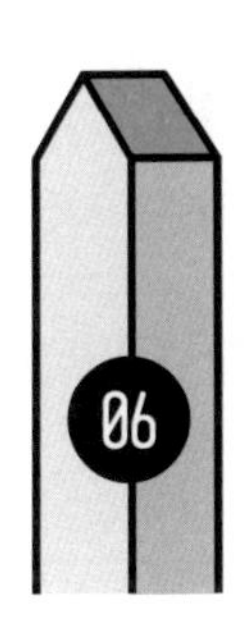

청년들이 '행복주택'에 살면 정말 행복할까?

'행복주택'은 주로 청년(19~39세), 신혼부부 등 젊은 계층의 주거 불안을 해소하기 위해 국가 재정과 주택도시기금을 지원받아 LH 공사가 대중교통이 편리하고 직주근접이 가능한 위치에 주택을 확보하여 주변시세보다 저렴하게 공급하는 공공 임대주택의 한 유형이다.

거주할 수 있는 기간은 청년의 경우 최대 6년이고, 신혼부부의 경우에도 역시 6년이며, 자녀가 2명 이상일 때에는 최대 10년까지 살 수 있다. 단, 행복주택에 위 기간까지 계속 거주하기 위해서는 무주택요건 및 소득, 자산기준 등을 충족해야 한다. 집을 장만하면 안 되고, 소득이 일정액 이상을 넘어서면 안 되고, 자산도 일정액을 넘으면 안 된다. 참고로 2021년 현재 신혼부부의 경우 자산기준은 2억9,200만원 이하다.

강남, 브랜드 대단지 아파트에도 행복주택이 있다

흔히 행복주택이라고 하면 역세권 주변에 자투리땅을 활용해서 LH마크를 달고 지어진 소규모 단지의 아파트를 떠올리게 된다. 그런데 놀랍게도 강남 신축급 대단지 아파트에도 행복주택이 섞여 있다. 예비입주자들에게는 일명, '임대주택의 로또'라고 불릴 만큼 선호도가 높고 선망의 대상이다.

무엇보다 서울 핵심지역인 강남에서 주변시세보다 훨씬 저렴한 임대가격으로 생활할 수 있다는 것이 가장 큰 메리트다. 특히나 최근 강남아파트들의 임대가격이 많이 상승해서 현재 행복주택 임차인들이 부담하고 있는 임대료는 주변 시세에 비해 50%를 밑도는 경우가 많다. 저렴한 비용으로 강남의 각종 인프라와 생활을 모두 누릴 수 있으므로 삶에 대한 만족도는 상상 그 이상일 것이다.

최근에 상담을 받으러 우리 사무실에 방문한 30대 중반의 A씨는 이런 선망의 대상인 강남에 위치한 행복주택에 임차인으로 당첨되어 신혼 초기부터 현재까지 2년 넘게 살고 있다고 했다.

빌라를 상속받을까? vs 행복주택에 남을까?

A씨는, 2년 전부터 치매 증세가 심해져서 가족들과 일상적인 생활이 어렵게 된 아버지를 요양병원에 모셨다. 그러던 중 6개월 전에 어머니가 갑작스럽게 돌아가셨다. 이로 인해 어머니 홀로 사셨던 은평구의 빌라를 아버지와 A씨가 공동으로 상속받게 되었다. 참고로 A씨는 외아들이며 해당 빌라는 어머니 명의로 되어 있었다.

어머니가 돌아가신 이후 아버지는 병세가 급속도로 악화되었다. 얼마 전 A씨는 담당의사로부터 마음의 준비를 하라는 말을 들었다. 여기서부터 A씨의 고민이 시작된다.

A씨는 현재 강남에 위치한 행복주택에 보증금 1억8,000만원에 약 50만원 정도의 월세를 부담하면서 살고 있다. 그런데 만약 아버지가 돌아가시게 되면 은평구 빌라에 대한 아버지의 지분(약 1억5,000만원)마저 A씨가 모두 상속받게 된다. 이렇게 되면 전체 자산은 약 4억3,000만원이 되어(행복주택 보증금 1억8,000만원 + 자신의 상속지분 1억원 + 아버지의 상속지분 1억5,000만원) 행복주택에 거주할 수 있는 자

산 기준 2억9,200만원을 넘기게 되므로 A씨는 더 이상 행복주택에 거주할 수가 없게 된다.

행복주택은 6년만 행복하다

앞서 언급했듯 행복주택에서 신혼부부가 아이 없이 거주할 수 있는 최대 기간은 6년이다. A씨 부부의 경우 조만간 2세 계획이 있기 때문에 만약 1자녀를 출산하게 된다면 총 8년을 살 수가 있다. 2세를 한 명 출산했을 때를 가정하면 행복주택에서 앞으로 거주할 수 있는 기간은 5년 6개월 정도 남아 있다고 한다.

A씨가 살고 있는 해당 아파트의 최대 장점은 다른 행복주택과는 달리 일반아파트에 섞여 있다는 것이다. 그래서 어느 세대가 '분양세대'인지 '임대세대'인지를 일반 사람들은 쉽게 알 수 없다. 또한 단지 내 모든 커뮤니티 시설 등을 일반입주민과 동일하게 사용할 수 있어 자신의 경제적 수준에 비해 월등하게 높은 삶의 질을 누릴 수 있다.

그래서 시한부 기간이기는 하지만 최대한 해당 아파트에 살면서 높은 삶의 질과 여유를 누리고 싶었다. 그런데 은평구 빌라를 모두 상속받게 되면 앞으로 남은 5년 이상의 높은 만족감을 포기해야 한다는 것이다.

만약 A씨 부부가 행복주택에서 퇴거를 하고 같은 아파트 단지에서 계속 살려면 지금보다 훨씬 많은 비용을 지불해야 한다. 2021년 6월을 기준으로 해당 단지의 같은 평형의 전세는 8억5,000만원이며, 월세는 4억원(보증금)에 160만원(월세) 선이다.

A씨는 계속해서 같은 단지에 살고 싶은 마음에 전세대출을 2억원 정도 받아서 보증금 6억원에 월세 100만원으로 동일한 평수로 이사 갈 생각도 있다고 했다. 이렇게 되면 지금보다 많은 돈을 주거비용으로 지출해야 하기 때문에 경제적으로 부담스럽다는 것이다. 그래서 지금처럼 저렴한 비용으로 해당 아파트에서 계속 살 수 있는 방법이 없을까 하는 마음에 상담을 요청했다고 한다.

선별적 복지혜택의 마지막은 어쩌면 새드 엔딩?

국가에서 국민에게 제공하는 복지는 크게 '보편적 복지'와 '선별적 복지'가 있다.

보편적 복지란 말 그대로 국민이면 누구나 받을 수 있는 혜택이다. 가장 대표적인 예가 건강보험(의료보험)과 국민연금제도다. 물론 수혜자의 재산과 소득에 비례해서 납부해야 하는 보험료가 다르기 때문에 엄밀하게 말하면 보편적 복지라고 말하기에는 어려움이 있을 수도 있다. 하지만 매달 납부해야 하는 액수의 많고 적음을 떠나서 가입 대상자라면 누구나 혜택을 받을 수 있기 때문에 보편적 복지라고 칭할 수 있을 것이다.

이와는 반대로 선별적 복지란 국가가 국민 중에서 특정인 또는 특정계층에게만 제공하는 혜택이다. 가장 대표적인 예가 임대주택이다. 소득이 적고, 집이 없는 사람들에게 제공되는 주거복지 서비스다.

복지혜택을 받는 수혜자 입장에서는 '보편적 복지는 지향'해야 하지만 '선별적 복지는 지양'해야 한다. 선별적 복지의 혜택을 받고 있다면 최대한 빨리 그 대상자에서 벗어나야 하기 때문이다. 국가에서 선별적으로 혜택을 주었다는 것은 그만큼 자신의 삶이 어렵다는 것이다. 선별적 혜택을 받는 기간 동안 최대한 자립할 수 있는 힘을 키워 하루라도 빨리 벗어나야 한다.

그런데 문제는 선별적 복지의 맛을 보고 있는 사람들 중 상당수가 자립할 생각은 하지 않고 현재의 삶에 만족하고 안주하려는 경향이 있다는 것이다. 행복주택은 일시적으로 주거 문제를 해결해주는 것이지 영구적으로 해결해주는 것이 아니다. 지금 당장 주거 문제가 해결되었다고 해서 앞으로의 주거 문제를 간과해서는 절대 안 된다. 선별적 복지는 영원하지 않고 기간이 정해져 있다는 것을 알고 있어야 한다.

뱁새가 황새 따라가다 가랑이가 찢어질 수 있다

'강남', '신축아파트' 누구나 살고 싶어 하는 희망의 대상이다. 중요한 것은 자신의 경제적 능력이 뒷받침될 때 그곳에서 자신이 원하는 만큼 선택적으로 살 수 있다는 것이다.

이와는 반대로 A씨처럼 자신의 능력과는 별개로 선별적 복지의 혜택을 받아 살게 되면 자신이 원하는 만큼 살 수 없고 일률적으로 정해져 있는 기간까지만 살 수 있다.

더 큰 문제는 A씨 부부의 눈높이다. A씨 부부는 자신들의 경제력에 맞지 않는 너무 높은 곳에 살다 보니 마치 자신들의 능력으로 해당 아파트에 살게 되었다는 착각에 빠져버렸다.

행복주택의 도입 취지는 주거취약계층의 주거를 지원해서 앞으로 자립할 수 있는 힘을 키우게 돕는 것이다. 그렇다면 행복주택에 사는 기간 동안 더 열심히 돈을 모으고 노력해서 최소한 퇴거 시점에는 경제적 여력을 지금보다 더 키워놓아야 한다.

그런데 A씨의 경우에는 전혀 그렇지 않다. '뱁새가 황새 따라가다 가랑이가 찢어진다'라는 옛말이 있다. 자신의 경제력은 강남 사람이 아닌데 자신이 살고 있는 지역이 강남이라 해서 그 사람들의 소비까지 자꾸만 따라 하려고 한다. 그래서 주거에 들어가는 비용은 절약이 되었을지 몰라도 소비의 씀씀이가 더욱 커져 저축은 고사하고 지난 2년간 현상 유지에 급급한 삶을 살았을 것이다.

일반 입주민들은 그곳에 살기 위한 노력과 과정을 거쳤을 것이다. 무엇보다 중요한 사실은 그만큼의 경제적 능력이 뒷받침이 된다는 것이다. 그런데 A씨는 그런 노력과 과정 없이 그 아파트의 '거주자'가 되었다. A씨가 해당 아파트의 거주자가 아니라 진정한 '구성원'이 되기 위해서는 잠시 그곳을 떠나 와신상담하는 자세로 열심히 자산 형성을 한 후에 다시 입성을 꿈꾸어야 한다.

명품이 없다고 한탄하지 말고 나를 명품으로 만들자

A씨는 30대 중반이므로 아직 젊음이라는 큰 무기가 있다. 그러므로 현재의 만족도는 잠시 내려놓기를 바란다.

행복주택의 삶은 시한부다. 5년 후 A씨 부부는 다시 그들의 경제력에 맞는 자리로 돌아가야 한다. 지금처럼 아무런 준비 없이 다시 예전의 자리로 돌아가게 된다면 경제적으로 큰 어려움을 겪게 될 것이다.

현재 A씨에게는 보증금과 상속으로 받게 될 돈까지 합쳐 4억원이 조금 넘는 돈이 있다. 그걸 가지고 일단 집부터 샀으면 한다. 3억5,000만원 정도를 투자해서 전세 끼고 사놓을 수 있는 아파트를 알아보면 좋겠다. 그리고 지역적 주거의 눈높이 낮추어서 보증금 5,000만원에 월세 60만~80만원 이하로 옮겼으면 한다. A씨는 맞벌이를 하고 있기 때문에 월세 60만~80만원은 크게 부담스럽지 않을 것이다. 그리고 나머지 근로소득을 악착스럽게 모으며 후일을 도모하기를 바란다.

강남에 재입성을 하기 위해서는 아이러니하게도 강남이라는 지역적 요소를 빨리 내려놓아야 한다. 사람은 자신에게 어울리는 옷을 입어야 한다. 나에게 명품 옷이 없다고 푸념할 것이 아니라 내 몸 자체를 명품으로 만들어야 한다. 그러므로 더 이상 능력에 맞지 않는 명품아파트에 살아가려고 무리하지 않았으면 한다.

지금 A씨에게 가장 필요한 것은 자신의 몸 자체를 명품으로 만드는 작업이다. 다시 한 번 A씨에게 당부하지만 뱁새가 황새 따라가다 가랑이가 찢어진다. 무작정 황새를 따라 하기보다는 자신이 뱁새임을 인정하고 자신에게 맞는 보폭을 유지하면서 앞으로 어떻게 해야 황새처럼 보폭을 키워나갈 수 있을지에 대해 연구하고 노력하는 삶을 살기를 바란다.

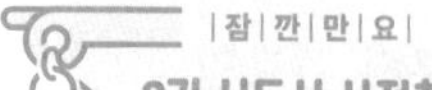

3기 신도시 사전청약 전 염두에 둬야 할 네 가지

'사전청약'은 무주택 실수요자들의 내 집 마련의 기회를 앞당겨주기 위해 공공택지 등에서 공급되는 공공분양주택의 분양시기를 앞당겨서 분양받을 자를 미리 정해놓는 제도다.

일반적으로 아파트를 분양할 때에는 토지를 확보한 후 아파트를 지을 수 있는 상태에 이르렀을 때 분양을 하게 된다. 그런데 사전청약은 이러한 분양시기를 1~2년 앞당겨 사전에 청약을 받아서 향후에 본청약을 할 수 있는 당첨자를 미리 선발해놓는 것이다.

사전청약의 경우 수요자들의 충족을 위해 비교적 양호한 입지에 공급되며, 저렴한 분양가와 본청약까지 계약금 등의 비용 부담이 없다는 것이 가장 큰 장점이다. 하지만 이와 반대로 여러 가지 단점도 병존하고 있으므로 사전청약 전 최소한 아래의 네 가지 정도는 참고해서 청약에 참여하기를 바란다.

첫 번째, 입주시기를 정확하게 확신할 수 없다

본청약과 입주시기까지는 많은 과정들을 거쳐야 한다. 특히, 토지보상 등과 관련해서 시간이 지체되는 경우가 많아 사업 지연에 따른 본청약 그리고 입주시기가 늦어질 수 있다.

참고로 사전청약의 원조격인 '하남감일지구'의 경우 블록에 따라 입주할 때까지의 기간이 짧게는 8년 7개월(B7)에서 길게는 10년 11개월(B3, B4)이 소요되었다.

두 번째, 정확한 분양가를 알 수 없다

사전청약 시에 공개되는 분양가는 추정분양가일 뿐이다. 즉, 정확한 분양가는 본청약 때 비로소 확정되기 때문에 매년 택지비, 건축비(원자재값, 인건비) 상승 등으로 인해 분양가가 예상보다 높아질 수도 있다.

세 번째, 본청약 전까지 계속해서 무주택을 유지해야 한다

사전청약에 당첨이 되면 본청약 때까지 무주택을 유지해야 하며, 사전청약은 아직 본청약이 아니므로 청약통장을 계속해서 유지해야 한다. 즉, 청약통장을 절대 깨면 안 된다.

네 번째, 시세차익 회수가 늦다

전매제한 10년과 실입주 5년을 채워야 자유롭게 매도를 할 수 있다. 이로 인해, 집값이 오른다 해도 빠른 시일 내에 시세차익을 누릴 수가 없다. 또한, 실거주기간을 모두 채워야 하기 때문에 한동안 거주지에 대한 제한이 될 수 있다.

사전청약은 어쩌면 보험과도 같은 제도라 할 수 있다. 그러므로 사전청약에만 올인하기보다는 일반청약과 병행해서 사용하는 것이 좋다. 즉, 이왕 청약으로 내 집 장만의 방향을 잡았다면 사전청약이라는 보험에 일단 들어놓고 본청약까지 시간을 활용해서 일반청약에도 계속 도전해보기를 바란다. 그리고 그중 자신에게 가장 유리한 청약을 선택하는 것이 좋다.

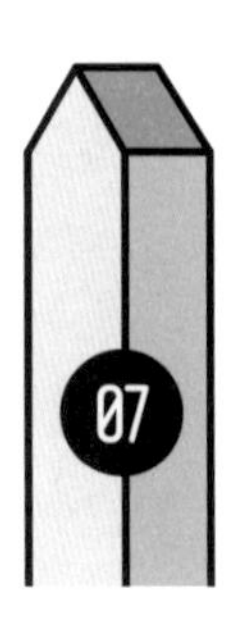

부동산 공부, 무엇부터 시작하면 좋을까?

'경매의 작동원리'와 '주택임대차보호법'을 알아야 하는 이유

부동산에 관심이 많은데 무엇부터 공부해야 할지 모르겠다며 조언을 구하는 이들이 여럿 있다. 나는 이들에게 '경매의 작동원리'와 '주택임대차보호법'을 공부할 것을 권한다. 성인이 되어 독립을 하면 누구나 임대인 또는 임차인이 된다. 양측 모두 경매의 작동원리와 주택임대차보호법을 알아야 최악의 상황에서 소중한 자산을 지킬 수 있다.

생활인 필수 부동산 공부 1 | 경매의 작동원리

먼저 경매로 넘어간 부동산을 낙찰받으려면 '권리분석'을 알아야 한다. 권리분석이란 법률적으로 해당 부동산에 하자가 있는지 여부를 조사, 확인하는 작업을 의미한다. 낙찰자가 낙찰대금 외에 추가로 인수(부담)해야 하는 권리가 있는지 확인하는 과정이라고 생각하면 된다.

권리분석을 위해서는 가장 먼저 해당 부동산에 설정되어 있는 여러 가지 권리 중에서 말소의 기준이 되는 권리를 찾아내는 작업을 해야 한다. 이를 '말소기준권리'라고 한다. 말소기준권리를 기준으로 남아 있는 권리들의 인수 여부를 판단해보아야 하기 때문이다.

그리고 마지막으로 '임차인분석'을 통해서 낙찰자에게 '대항할 수 있는 임차인'이 있는지 여부를 따져보아야 한다.

이러한 권리분석을 통해서 인수되는 권리가 없을 때, 비로소 '권리관계가 깨끗하다(낙찰 받아도 좋다)'라고 할 수 있다. 낙찰가 외에 더 이상 돈 들어갈 곳이 없다는 것을 확인하는 과정이다.

권리분석을 하려면 '등기사항증명서(구 등기부등본)', '건축물대장' 등을 제대로 이해하고 해석할 줄 알아야 한다. 이러한 권리분석은 부동산경매 기초강의를 통해서 며칠만 집중해서 공부하면 어렵지 않게 해낼 수 있게 된다.(몇몇 특수물건 제외)

생활인 필수 부동산 공부 2 | 주택임대차보호법

두 번째로 '주택임대차보호법'을 이해하려면 우선 '채권'과 '물권'에 대한 기본 지식이 필요하다.

특히 채권에 대한 개념을 제대로 알고 있어야 한다.

채권은 특정인이 특정인에게만 주장할 수 있는 권리를 말한다.

예를 들어 A라는 사람이 B라는 사람에게 돈을 빌려주었다고 가정을 해보자. A는 채권자(돈을 빌려준 사람), B는 채무자(돈을 빌린 사람)가 된다. 이런 금전소비대차 계약은 채권적 성격을 갖게 된다. 즉, A는 B에게만 돈을 갚으라고 해야 한다. 엉뚱한 C에게 돈을 갚으라고 할 수는 없다. 반대로 B는 A에게만 돈을 갚아야지 엉뚱하게 C에게 돈을 갚고 그 변제의 효력을 A에게 주장할 수가 없다.

이렇듯 채권이란 '특정인이 특정인에게만 주장할 수 있는 권리'를 말한다.

반대로 물권은 특정인이 어느 누구에게나 주장할 수 있는 권리를 말한다.

예를 들어 A라는 사람이 잔금까지 모두 치르고 소유권이전등기까지 마쳤다면, 법률상으로 완벽하게 A의 소유의 집이 된다. 그러므로 어느 누구라도 A의 '소유권'을 침해할 수가 없다.

만약 B라는 사람이 A의 허락 없이 무단으로 A의 집을 사용 또는 침입했다면 민·형사상의 책임을 져야 할 수도 있다.

이렇듯 물권은 '어느 누구에게나 주장할 수 있는 권리'를 말한다.

주택임대차보호법이 만들어진 이유

우리가 흔히 알고 있는 '임대차(월세, 전세)'계약은 가장 대표적인 '채권'의 일종이다. 계약 당사자인 임대인과 임차인 사이에서만 효력을 주장할 수 있게 된다. 다시 말해 임차인은 직접당사자인 임대인 말고 다른 사람에게는 자신의 임대차계약과 관련된 효력이나 권리를 주장할 수가 없다. 바로 여기서 과거에 큰 문제가 발생했다. 임대차계약기간 중에 임대인이 바뀌게 된다면 임차인은 새로운 임대인에게 자신의 임대차의 효력을 주장할 수 없게 되기 때문이다.

'매매는 임대차를 깨뜨린다'라는 말이 있다.

새로운 임대인이 나가라고 하면 계약기간의 잔존 여부와는 상관없이 임차인은 나갈 수밖에 없었다. 보증금 역시 전임대인에게 받아야 하는데, 집을 팔고 이사 간 전임대인을 어디 가서 찾을 수가 있을까? 그래서 주택임대차보호법이 만들어지기 이전에는 임차인이 보증금을 떼이는 일이 생각보다 자주 발생했던 것이다. 이러한 폐단을 막기 위해 일정한 요건을 갖춘 임차인을 보호해줄 수 있는 법이 필요하게 되었다. 그래서 만들어진 법이 '주택임대차보호법(이하 주임법)'이다.

주임법은 임차인이 일정한 요건(주택의 인도 + 전입신고)을 갖추면 '대항력'(어느 누구에게도 자신의 권리를 행사할 수 있는 힘)을 부여해주었다. 임대차계약은 비록 채권이지만 일정한 요건(대항력)을 갖춘 임차인에게는 물권처럼 인정해주기로 한 것이다. 이를 다른 말로 '임차권의 물권화'라고도 한다. 이렇게 태생은 채권이지만 일정한 요건을 갖추면 대항력을 부여해줌으로 인해 물권처럼 업그레이드를 시켜준다. 이때부터는 임차인에게는 물권적 대항력이 생기게 된다. 그래서 계약기간 중간에 임대인이 바뀐다 하더라도 제대로 대항요건을 갖추고 있다면 마음 편하게 계속해서 거주할 수 있게 된 것이다.

또한, 계약 만기가 되어 이사를 나갈 때에는 새로운 임대인에게 보증금을 반환받을 수도 있게 되었다. 그래서 임차인은 더 이상 예전처럼 보증금을 떼일까봐 걱정하지 않아도 된다.

피 같은 보증금을 지키려면 부동산 공부가 필수

자본소득이 없는 사회초년생은 통장에 있는 약간의 잔고와 현재 살고 있는 집의 보증금이 전부일 수도 있다. 그러므로 소중한 보증금을 무지함 때문에 털털 날리는 일이 없도록 해야 한다.

남에게 사기를 치면 안 되겠지만, 반대로 남에게 사기를 당해서도 안 된다. 젊음을 바쳐가며 차곡차곡 모은 소중한 돈을 잘 지키는 일 또한 그 어떠한 경제활동보다 중요하기 때문이다.

투자가 목적이 아니더라도 자산의 소중한 돈을 잘 지키기 위해서라도 기본적인으로 경매 작동원리와 주임법 정도는 반드시 공부해 놓아야 한다. 그리고 필요에 따라 세법, 경제학, 금융, 주식 등을 하나씩 공부하면서 지식의 범위와 깊이를 넓혀가기를 바란다.

자본주의에서 공격적인 '투자력'도 중요하지만 무엇보다 안정적인 '수비력'이 뒷받침되어야 한다. 그러지 않은 투자는 자칫 쉽게 위험에 노출될 수도 있기 때문에 스스로를 지키고 보호할 수 있는 기본 지식을 반드시 갖추고 필드에 나가는 것이 중요하다.

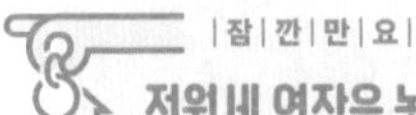

전월세 연장을 놓쳐서 계약금을 떼이게 되었어요!

전세 2억5,000만원에 투룸 빌라를 계약하고 계약금으로 2,000만원을 걸었던 30대 초반 직장인 A가 있었다. 자신이 살고 있는 원룸의 보증금 7,000만원과 부모님이 지원해주시는 8,000만원을 합치고 나머지 1억원은 전세자금대출을 받아서 입주할 계획이라고 했다.
문제는 A가 살고 있는 원룸의 임대인이 아직 방이 빠지지 않았기 때문에 보증금을 반환해줄 수 없다고 했다는 것이다. A는 만기가 되었는데 왜 보증금을 반환해주지 않느냐며 항의했지만 임대인은 "방이 빠지거나 아니면 3개월 후에 보증금을 반환해주겠다!"라는 말만 되풀이했다. 그래서 A는 예정된 날짜에 잔금을 치를 수가 없을 것 같다며 어떻게 해야 하느냐며 찾아왔었다.

전월세연장 여부는 2개월 전까지 통보해야!

임대차보호법에는 '임차인이 임대차기간 만료 2개월 전까지 임대인에게 계약기간의 연장 거절의 통지 또는 계약조건을 변경을 요청하지 않을 경우에는 전 임대차계약과 동일한 조건으로 다시 임대차한 것으로 본다'라고 되어 있다.
사정을 들어보니, 계약만기 2개월 전에 임차인 A가 계약기간 연장의 의사가 없음을 임대인에게 통지를 했어야 하는데 부동산지식이 부족했던 A가 하지 않았다. 자신이 연장의 의사표시를 하지 않았기 때문에 만기가 되면 당연히 임대인이 자신의 보증금을 반환해주는 것으로 알고 있었다는 것이다.
사회초년생은 전월세 보증금이 전재산이다. 한 번 정도 주택임대차보호법을 찬찬히 살펴보길 권한다.

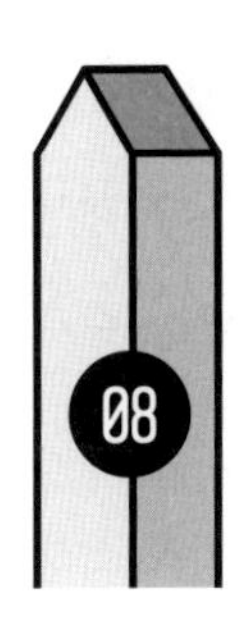

재테크에 도움이 될 만한 책을 추천해주세요!

독서의 중요성

내가 운영하는 중개사무실에 방문하면 책이 이렇게 많은 사무실은 처음이라며 놀라는 사람들이 종종 있다. 평상시 지식의 얕음을 보충해야 한다는 생각에 항상 책을 곁에 두고자 노력하고 있기 때문에 많은 책을 소장하게 되었다.

공부는 필요에 의해서 해야 한다는 말이 있다. 학창시절에는 공부의 필요성을 느끼지 못했다. 그래서 교과서조차 멀리했지만 서른 살에 가까워져 본격적으로 경제활동을 하는 어른이 되면서부터 돈을 많이 벌고 싶다는 간절함과 필요성을 느끼게 되었다. 그래서 지금은 책을 너무도 사랑(?)하는 사람이 되었다. 사무실에는 주로 부동산과 관련된 책이 주류를 이루고 있다.

나는 재테크에서 가장 기본이 되는 것이 '실천'과 '지식'이라고 생각한다. 어떠한 결과물을 얻기 위해서는 반드시 실천이 필요하다. 그 실천이 무작정 남의 말만 듣고 행동으로 옮기는 것이어서는 안 된다. 스스로 판단하고 선택할 수 있는 능력이 필요하다. 비록 '최고의 선택'은 아니더라도 '최선의 선택'을 하기 위해서는 최소한의 기본적인 지식이 있어야 한다. 이러한 지식은 직접경험과 간접경험을 통해서 얻을 수 있다.

직접경험은 대부분 경험과 연륜에서 나오는 것이어서 시간이 필요하다. 그러므로 젊은 투자자들에게는 자칫 불리하다는 생각이 들 수도 있다. 하지만 이와는 반대로 간접경험을 쌓는 데에는 젊은 투자자들이 유리할 수가 있다. 왜냐하면 간접경험의 가장 대표적인 것이 독서이기 때문이다. 아무리 내용이 별로인 책이라 하더라도 그 책을 쓴 저자는 최소 6개월~1년이라는 시간을 들여서 원고 작업에 전념을 했을 것이다. 그리고 특정 분야에 대한 내용으로 300페이지 정도의 책을 쓸 정도라면 최소한 일반인들보다 해당 분야에서만큼은 경험과 지식이 풍부하다는 것을 인정받은 사람이다.

우리는 책을 읽음으로 인해 그 저자가 쌓아온 직접경험을 단 몇 시간 만에 간접적으로 경험할 수 있게 되는 것이다. 그래서 독서가 굉장히 중요하다.

그동안 많은 책을 읽어왔지만 막상 책을 추천해달라고 하면 막막해질 때가 많다. 재테크 관련 서적은 생각보다 장르가 굉장히 다양하다. 예를 들어 부동산이라는 테마만 하더라도 재개발 · 재건축, 경매, 상가, 아파트, 신축, 청약, 갭투자 등의 분야가 있다. 나는 특정한 책을 추천해주기보다는 어떠한 종류의 책을 읽어야 하는지에 대해서 조언을 해주려고 노력하는 편이다.

수많은 종류의 재테크 관련 책들은 크게 '마인드', '에세이', '이론'으로 분류할 수 있다.

재테크 추천서 1 | 마인드 정립

처음 재테크에 관심을 갖게 되면 열정은 남다른데, 대부분 무엇을 어떻게 해야 할지 모른다. 이러한 초보자들에게 중요한 것은 '방향성'과 '생각의 전환'이다. 즉, 부자 마인드가 필요하다.

예를 들어 금융이라는 테마를 놓고 생각해보면, 일반적으로 대출(빚)을 굉장히 두려워하고 이자를 부담스러워한다. 하지만 대출은 무조건 기피해야 할 것이 아니라 대출을 받은 목적에 따라 곁에 오래 둘수록 좋은 빚도 있다.

대부분의 초보자들에게는 그런 탄력적 사고를 할 수 있는 마인드가 부족하다. 그러므로 빚을 대하는 부자들의 생각과 마인드를 엿보고 생각의 전환을 도와줄 수 있는 책이 필요하다.

| 마인드 조성에 도움이 될 만한 책 |

① 「아기곰의 재테크 불변의 법칙」 아기곰 저 (아라크네)
② 「백만장자 시크릿」 하브 에커 저 (RHK)
③ 「강남에 집사고 싶어요」 오스틀로이드 저 (진서원)
④ 「부의 인문학」 브라운스톤 저 (오픈마인드)
⑤ 「돈의 속성」 김승호 저 (스노우폭스북스)
⑥ 「젊은 부자의 법칙」 바이런베이 저 (토트)
⑦ 「부자의 언어」 존 소포릭 (월북)

재테크 추천서 2 | 성공 경험 에세이

웬만한 신파는 다 들어 있다. 대부분 흙수저로 태어나서 어려운

환경 속에서도 굴하지 않고 피나는 노력과 실천으로 현재 어떠한 성공을 이루었는지 또는 얼마를 벌었는지에 대한 내용들이 가득하다. 자칫 뻔한 스토리의 책이라고 생각할 수도 있겠지만 그래도 이러한 책을 읽음으로 인해 '동기 부여'와 '돈을 버는 기술의 다양성'을 배울 수가 있다.

어떠한 목표를 설정하고 그 목표를 향해 달려갈 때에는 무언가의 기준점 또는 방향성이 필요하다. 초보투자자일수록 냄비근성이 있다. 한 번에 열정이 확 타올랐다가 대부분 몇 달도 채 되지 않아서 순식간에 식어버리고 만다. 그러고는 어떠한 결과물을 만들어내지 못한 채 다시 제자리로 돌아가버린다.

그런데 이러한 책들의 저자들은 최소한 어떠한 분야에서 하나 이상의 결과물을 만들어낸 사람들이다. 이들의 이야기를 읽으면 나태해지거나 느슨해졌던 마음을 다시 독려하고 되잡는 데 도움이 된다. 저자들은 하나같이 열심히 삶을 살고 있는 사람들로 묘사된다. 그들의 열심과 노력을 읽으면서 그동안의 자신의 삶도 되돌아볼 수 있는 기회가 될 수도 있다.

또한, 돈을 버는 다양한 방법에 대해 알 수 있게 된다. 일반적으로 돈을 버는 경제활동으로 직장생활, 사업(혹은 자영업) 정도로 한정적으로만 생각을 하는 경우가 많다. 하지만 책 속 저자들은 다양한 곳에서 다양한 방법으로 많은 돈을 벌어들이고 있음을 알게 된다.

여기서 오해하지 말아야 하는 것은, 책 내용을 똑같이 따라 한다고 해서 반드시 저자처럼 100% 똑같이 성공할 수 있는 것은 아니라는 것이다. 사람마다 처한 상황, 시대, 노력 등에 차이가 있다. 그러므로 해당 저자처럼 같은 결과물을 만들겠다는 생각보다는 '동기 부여', '생각의 다양화'를 통해 기존의 틀을 깨는 것에 중점을 두고 읽는 것이 중요하다.

또한, 이러한 에세이 형식의 책을 통해서 저자의 성공담을 읽는 것에서 그치면 안 된다. 반드시 실천으로 이어져야 한다. 실천으로 이어지기 위해서는 어느 정도의 학습이 필요한데 이다음 단계에 읽어야 하는 책의 종류가 바로 '이론서'다.

| 동기 부여에 도움이 되는 책 |

① 「나는 마트 대신 부동산에 간다」 김유라 저 (한국경제신문)
② 「싱글맘 부동산 경매로 홀로서기」 이선미 저 (지혜로)
③ 「엄마의 돈 공부」 이지영 저 (다산북스)
④ 「나는 오늘도 경제적 자유를 꿈꾼다」 청울림 저 (RHK)
⑤ 「나는 부동산과 맞벌이한다」 너바나 저 (알키)
⑥ 「월급쟁이 부자로 은퇴하라」 너나위 저 (RHK)

재테크 추천서 3 | 이론서

가끔 전공서적에 버금가는 전문서적을 읽으면서 희열을 느끼는 사람들이 있다. 우리가 이러한 책을 읽는 이유는 재테크를 하기 위함이지 결코 높은 지식을 쌓아 학자가 되기 위함이 아니다. 가끔 읽어도 이해가 되지 않는 책이 있다. 이런 책을 접하게 되면 자신의 얕은 지식 혹은 이해력이 나쁘다고 자책하는 경우가 있는데 전혀 그럴 필요가 없다. 이런 책은 과감하게 더 이상 읽지 않아도 된다. 왜냐하면, 집중해서 두세 번 정도 읽었는데도 이해가 되지 않는다면 이 책을 쓴 저자도 제대로 내용을 이해하지 못하고 썼을 가능성이 굉장히 높기 때문이다.

우리가 읽고자 하는 책들은 실용서적이다. 그러므로 아무리 이론서를 가장하고 있다 하더라도 누구나 조금만 집중해서 읽으면 쉽게 이해가 되는 책이 좋은 책이다. 가끔 어렵게 씌어져 있는 책을 읽으면서 그 책이 좋은 책이라고 하는 사람들이 있는데 전혀 그렇지 않다. 그렇다고 너무 내용이 쉬운 책만 골라서 읽으라는 말은 절대 아니다. 자신의 수준에 맞춰 눈높이에 맞는 책을 읽는 것이 가장 중요하다.

또한, 가끔 완벽한 공부가 되지 않은 상태에서 투자에 나서는 것이 너무 불안하다며 늘 부족함을 채찍질하며 몇 년째 공부에만 전념을 하는 사람들이 있다. 그런데 계속 바뀌는 정책, 세금, 시장분위기 등으로 인해 아무리 완벽하게 이론을 공부한다 해도 투자에서 완벽하게 이를 적용할 수 없다. 그러므로 완벽한 준비의 투자라는 것은 현실적으로 있을 수 없다. 실수를 최소하화기 위해서 기본적인 학습이 필요한 것이지 완벽한 투자를 하기 위해서 학습이 필요한 것은 아니다.

어느 정도 지식이 쌓였다면 실천으로 옮기는 것에 더욱 초점을 맞추는 것이 좋다. 부족한 부분은 그때그때마다 찾아서 해결해나가면 된다. 그렇게 쌓인 경험이 기억에 더 오래 남는 실전공부가 된다.

| 부동산 이론 공부에 도움이 되는 책 |

① 임대차 관련 →「나몰라 임대인 배째라 임차인」 이인덕 저 (부연사)
② 부동산경매 기본 →「경매 권리분석 이렇게 쉬웠어?」 박희철 저 (지혜로)
③ 재개발 · 재건축 관련 →「돈되는 재건축 재개발」 이정열 저 (잇콘)
④ 부동산 세금 관련 →「부동산 절세 오늘부터 1일」 이은하 저 (스마트북스)
⑤ 소액투자 →「부동산 투자의 정석」 김원철 저 (알키)
⑥ 부동산기본상식 →「돈이 된다! 부동산대백과」 김병권 저 (진서원)

누차 말하지만 우리가 이러한 책들에 관심을 갖고 읽으려 하는 이유는 학식을 쌓아서 학자가 되기 위함이 아니다. 이러한 책을 읽고 재테크와 관련된 마인드를 갖추고, 동기 부여를 받으면서, 관련 지식을 쌓아서 실천으로 옮기기 위함이다. 재테크에서 실천이 뒤따르지 않는 지식은 무용지물과도 같다. 지식 쌓기와 실천은 항상 세트메뉴처럼 병행되어야 한다는 점을 기억하자.

서른다섯, 첫 집을 욕망하자!

둘째 마당

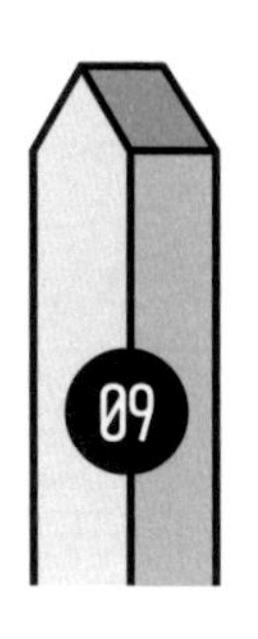

신혼집 복도식 아파트, 10년 후 나비효과

신축 전세와 구축 매매의 갈림길에서

결혼을 앞둔 예비 신혼부부들에게 가장 큰 고민은 아마도 '신혼집 마련'일 것이다. 일자리가 집중되어 있는 서울과 수도권에 집을 구한다는 것은 금전적으로 상당한 부담이 뒤따른다. 부모님이 여유가 있어서 조금이라도 보태주시면 좋겠지만, 현실은 그리 녹록지 않다. 그래서 요즘은 신혼집을 구할 때 전세든 매매든 대출을 받는 것이 거의 일반화되어버렸다. 그런데 정작 가장 크게 고민이 되는 부분은 '전세로 할 것인지' 아니면 무리를 해서라도 '매매로 할 것인지'에 대한 것이다.

나도 예전에 신혼집 때문에 고민이 많았다. 친구들에 비해 약간 늦은 나이에 결혼을 한 편이었는데 그동안 번듯한 아파트라도 한 채 마련해놓았으면 좋았으련만 나는 은평구 재개발 예정 지역에 월세로 임대를 놓은 빌라 한 채를 갖고 있었다. 그리고 여기저기 조금씩 투자해놓은 것들 때문에 내가 당장 마련할 수 있는 현금은 7,000만원 정도가 전부였다. 아내(그 당시 여자친구)는 약 1억원 정도 모아놓았다. 그래서 우리는 1억7,000만원 정도의 자금을 가지고 신혼집을 알아보아야 했다.

결혼 후에도 맞벌이를 계획하고 있었기 때문에 아내의 직장이 위치한 경기도 부천에서 집을 구하기로 했다. 친구들처럼 아파트에서 신혼살림을 시작하고 싶었지만 그러자니 대출을 많이 받아야 한다는 것이 부담스러웠다. 그 당시 우리의 자금으로 대출 없이 살 수 있는 집은 10년 정도 된 빌라밖에 없었다. 내가 이미 빌라를 보유하고 있었기 때문에 거주목적으로 빌라를 추가로 매수한다는 것에 대해서는 아내가 내키지 않아 했다. 아내는 아파트 전세 또는 부담이 없는 빌라 전세를 생각해보자고 했다.

아내는 전세로 2~4년 정도 살면서 돈을 모아서 아파트를 사서 옮기길 원했다. 나는 이와는 반대로 대출을 받아서 조금 낡았어도 소형아파트를 사자고 했다. 우리는 그렇게 '전세'와 '소형아파트 매매'를 두고 한 달 정도를 고민했다.

역세권 구축 복도식 아파트에서 신혼 시작

그때만 하더라도 아내는 대출에 대해서 굉장히 부정적이고 보수적인 편이었다. 은행은 돈을 빌리는 곳이 아니라 차곡차곡 모으는 곳으로만 인식하고 있었기 때문이다. 나의 끊임없는 설득 끝에 우리는 아파트를 사기로 결론을 내렸다. 어차피 주거의 안정을 위해서는 집 한 채는 있어야 한다. 그리고 주거의 편의성과 투자의 목적도 배제할 수는 없으므로 빌라보다는 아파트를 사는 것이 맞다 싶었다.

부천 지역 소형 평형 아파트를 알아본 결과 그 당시 우리의 자금으로는 대출을 받는다 해도 20년이 다 되어가는 20평형대 복도식 아파트밖에 살 수가 없었다.

나는 자차로 출퇴근을 하니 상관이 없었지만, 아내는 대중교통을 이용해야 했으므로 교통 여건을 최우선으로 중요하게 생각하고 발품을 팔았다. 그때 마침 지하철역과 버스정류장이 모두 3분 이내 거리인 역세권 아파트를 발견할 수 있었다. 동네 분위기도 괜찮았고, 1,000세대에 가까운 대단지였으며, 무엇보다 교통의 편리성이 너무 좋아 우리는 망설임 없이 바로 계약을 했다.

그리고 아내에게 어차피 대출받는 거 조금만 더 받자고 했다. 오랫동안 살 생각이니 올수리를 했으면 했다. 우리는 해당 아파트를 담보로 7,000만원 대출을 받았다. 아파트 매매가 2억500만원과 인테리어비용 1,900만원에 부수비용 약400만원(등기비와 중개보수)을 합쳐서 2억2,800만원이 들어갔고 남은 돈 1,200만원은 비상금으로 통장에 남겨놓았다.

그 집에서 2년 조금 넘게 살았다. 우리 부부는 그 기간 동안 정말 개미처럼 알뜰살뜰하게 돈을 모았다. 그래서 결혼한 지 2년이 안 되어서 비상금을 합쳐 대출금 7,000만원을 모두 갚을 수 있었다.(지금 생각해보면 정말 안타까운 상환이었다.)

아내가 첫째를 출산하고 1년간 육아휴직을 했다. 아내의 복직날짜가 다가올수록 우리 부부는 복직과 퇴사를 두고 수많은 고민을 했다. 나는 아내에게 겉으로는 “힘들면 그냥 퇴사해! 내가 더 벌면 되니까!”라고 말했다. 하지만 내심 아내가 정말 퇴사를 할까봐 걱정과 두려움도 컸다.

우여곡절 끝에 아내는 복직을 하게 되었다. 그래서 첫째 아들이 태어난 지 14개월째부터 어린이집에 다니게 되었다. 아내가 다시 일터로 복직하면서 어머니가 우리 집에 오셔서 아이를 봐주셨다.

나는 아들이 어린이집에 다니기 시작한 지 두 달쯤 되었을 때, 이사를 생각하게 되었다.

아이가 태어나면 한 번쯤 생각하게 되는 이사

이사를 생각하게 된 가장 큰 이유는 그 당시 아들이 너무 어렸고 유모차에 태워서 등·하원을 시켜야 했기 때문이다.

비가 많이 오는 날이었다. 어머니는 유모차에 태운 손자에게 비를 맞히지 않기 위해 한 손으론 우산을 아기 방향으로 씌우고 다른 한 손으론 유모차를 밀고 정작 본인은 비를 홀딱 맞은 채 하원을 한 날이 있었다. 또한, 그 당시 살던 집에서 어린이집까지 가려면 큰 찻길을 건너야 했는데 어머니가 유모차를 밀고 매일 길을 건너다니시는 게 늘 불안했다. 그래서 나는 아이가 다니는 어린이집이 위치한 아파트단지로 이사를 계획하게 되었다. 그 단지는 지하주차장 전체가 연결되었고 비가 오면 지하주차장으로 곧바로 가면 되기 때문이었다.

이번에 이사를 가게 되면 특별한 일이 없는 한 아이가 초등학교 입학할 때까지 살 생각이었으므로 이왕에 옮기는 거 넓은 집으로 옮겼으면 했다. 그래서 아내에게 길 건너 어린이집이 위치한 단지의 30평형대로 이사를 가자고 했다. 하지만 아내는 대번에 반대를 했다.

아내가 반대를 한 이유는 현재 살고 있는 집에 대한 만족감이 컸기 때문이다. 내가 생각해도 가성비가 정말 좋은 집이었다. 비록 오래되긴 했지만 역세권에 살기 좋은 아파트였다. 그리고 올수리를 해놓았기 때문에 아내는 불편함 없이 나름 만족했던 것 같다. 그리고 가장 큰 반대의 이유는 어린이집이 있는 단지의 30평형대로 이사를 가려면 또다시 대출을 받아야 했기 때문이다. 대출에서 벗어난 지 얼마 되지도 않았는데, 다시 대출을 받자고 하니 아내는 당연히 싫었을 것이다.

나는 아내에게 일단 집이라도 한번 보러가자고 했다. 그래서 아내와 해당 단지 30평형대를 매매로 보았다. 집은 정말 넓었고 마음에 들었다. 아내도 그 집을 보는 순간 조금 흔들리는 것 같았다. 그런데 문제는 역시 돈이었다.

살고 있는 집을 정리해도 상당한 액수의 대출을 받아야 했다. 그래서 우리는 차선책으로 같은 단지 20평형대를 보게 되는데 생각보다 넓었다. 복도식 아파트에 살다가 계단식 아파트를 보니 실사용 면적이 훨씬 컸다. 무엇보다 이 아파트는 2m 광폭발코니였는데, 우리가 본 집은 거실 쪽과 작은방 쪽의 발코니가 모두 확장되어 있었다. 그래서 얼핏 보면 30평형대 아파트처럼 보였다.

나는 아내에게 20평형대로 이사를 가자고 다시 제안을 했고 아내도 그제야 흔쾌히 좋다고 했다. 그래서 우리는 아이의 어린이집이 위치한 단지에 20평형대로 이사를 가게 되었다.

두 번째 이사, 시세차익이 근로소득을 넘어선 경험

그 당시 새로 이사 갈 아파트의 매매가는 3억2,000만원이었다. 살고 있던 집을 2억7,000만원에 팔았고 나머지 금액은 아내가 개미처럼 모아놓은 돈과 때마침 융통할 수 있는 여유자금이 있어서 대출은 받을 필요가 없었다. 그러나 우리 부부는 혹시 모를 투자를 염두에 두고 여윳돈으로 7,000만원을 대출받기로 했다.

아내는 신혼집을 팔고 두 번째 집으로 이사를 하면서 재테크에 눈을 떴던 것 같다. 아내가 결혼하기 전까지 직장생활을 7년 정도 했는데, 7년 동안 모은 돈이 1억원 정도였다. 그런데, 그냥 집을 사서 살았을 뿐인데, 2년 동안 6,500만원이 올랐으니 정말 놀라운 경험을 한 것이었다. 그리고 옆에서 내가 "그때 우리가 신혼집 살 때 대출을 한 1억 정도 더 받아서 같은 아파트를 전세 끼고 세 채 정도만 사놓았으면 거의 2억은 벌었을 거야!"라고 계속해서 세뇌교육을

시킨 결과이기도 했다.

우리가 신혼집을 매수했을 때 가격이 매매는 2억~2억1,000만원 정도였고 전세는 1억7,000만~1억8,000만원이었다. 그러니 1억원이면 마음만 먹었다면 세 채 정도는 살 수 있었다. 지금 아내는 그때 대출을 더 안 받은 것을 내심 후회했다.

그리고 대출받은 7,000만원을 빨리 갚은 것도 후회를 했다. 아내가 어느 날 "차라리 대출을 갚지 않고 한 채를 더 샀으면 어땠을까?"라는 반문을 나에게 했던 기억이 난다.

우리는 두 번째 집에서 대략 2년 정도 살았다. 둘째아이 어린이집 문제 때문에 다른 곳으로 이사를 해야 했기 때문이다. 두 번째 집은 3억3,000만원에 전세를 놓았다. 우리가 전세를 주고 나왔을 때 매매시세는 4억5,000만원이었다. 물론 지금은 가격이 더 올랐다. 2021년 8월 현재 전세가격이 4억5,000만~5억원이 되었으며 매매가격은 더 큰 폭으로 상승했으며 계속 보유 중이다.

세 번째 이사, 서울 30평대 아파트 갭투자, 남은 건 몸테크

세 번째 이사를 준비하면서 우리 부부는 아이들의 교육과 주거환경을 위해 서울 상급지에 30평형대 아파트를 사고 싶었다. 그런데,

두 번째 집 말고 이미 다른 여러 곳에 투자를 해놓은 상태여서 서울에 투자를 할 만큼 자금 여력이 충분하지가 않았다.

그래서 우리 부부는 고심 끝에 몸테크를 하기로 결정을 했다. 아이들이 초등학교에 입학하기 전에 몸테크를 하고 그 이후에는 개선장군처럼 서울 상급지에 위치한 30평형대 아파트에 실입주를 하겠다는 원대한(?) 계획을 세우게 되었다. 그래서 두 번째 집에서 전세보증금으로 받은 돈과 여기저기서 끌어모은 돈을 합쳐 3억5,000만원을 만들어서 서울에 아파트를 전세를 끼고 살 수 있었다.

그리고 우리는 세 번째 집으로 보증금 2,000만원에 월세 60만원짜리 빌라로 이사를 해야 했다. 실평수가 13~14평 정도 되는 집이었는데 기존의 집에 비해 평수가 많이 작아져서 짐들을 제대로 정리할 수가 없었다. 한동안 짐을 거의 쌓아놓고 살아야 했다.

해당 빌라로 이사를 하던 날이 생각난다. 이삿짐센터에서 나온 여사님이 아내의 손을 꼭 잡으면서 "사모님! 힘내세요. 저도 살아보니까 또 좋은 날이 오더라고요!"라고 했었다. 그분은 우리가 경제적으로 망해서 이사를 온 것으로 알았던 것이다. 겉으로는 그냥 웃어 넘겼지만 마음은 씁쓸했다.

그곳으로 이사를 하고 한동안 가족들이 잠든 깊은 밤이면 나는 부피가 크면서 필요성이 상대적으로 덜한 살림살이와 아이들의 장난감을 버리기 시작했다. 아이들이 자신의 소중한 장난감이 없어진 것을 알고 나에게 항의(?)를 할 때마다 나는 "아들! 이사 오면서 전에 집에 놓고 왔나보다!"라고 둘러대기 바빴다. 한 달간 나의 야간작업(?)은 계속되었다. 밤마다 물건들을 내다 버리면서 '이렇게까지 해서 서울에 아파트를 사야 하나?'라는 생각에 여러 번 속울음을 삼켰던 기억이 난다.

그러나 인간은 적응의 동물이다. 나를 비롯한 우리 가족은 이내 빌라에 적응을 했다. 그리고 3개월 정도가 지났을 무렵부터는 편하다는 생각마저 들었다. 그리고 그 집에서 2년을 그럭저럭 만족하면서 살았다. 그렇게 소위 몸테크를 했다.

우리 가족이 몸테크를 한 2년 동안, 서울 30평형대 아파트의 가격은 상당히 크게 올라가 있었다.

신혼집은 매매로 시작하는 게 최선

이렇듯 나는 결혼을 하고부터 자산이 본격적으로 늘어났다. 그 시작은 20년이 다 되어가던 복도식 아파트를 매수하면서부터였다. 만약, 우리 부부가 신혼집을 대출 없이 전세로 시작했다면 아마도 지금처럼 자산이 크게 늘지는 못했을 것이다.

사무실에 찾아오는 예비 신혼부부들에게 '전세가 좋을까요?' 아니면 '매매가 좋을까요?'라는 질문을 종종 듣게 된다. 나의 경험과 주변 사람들의 경험을 바탕으로, 감당할 수 있는 범위 내에서 대출을 받아서 매매를 선택하라고 조언해준다.

물론 꼭 결과가 그렇지는 않지만 그래도 상당수가 신혼집을 전세로 했을 때보다 비록 낡고 작더라도 매매로 했을 때가 재산을 불려가는 속도가 훨씬 빠름을 많이 보아왔기 때문이다.

전세냐, 매매냐로 고민하고 있는 당신은 과연 무엇을 선택할지 궁금하다.

신축 전세를 포기하지 못하는 이유

마포 신축 전세 vs 홍제 구축 매수

친구 동생 A를 오랜만에 만났다. 서울에서 괜찮은 대학을 나왔고 짧은 취준생 기간을 거쳐 대기업에 취업을 해서 지금까지 안정적으로 잘 다니고 있다.

1985년생으로 결혼한 지는 3년 되었고, 마포에 위치한 신축급아파트 20평형대에 전세 6억5,000만원에 살고 있다. 내년에 또다시 전세 만기가 돌아오는데, 그래서 집 때문에 고민이란다.

전세보증금 6억5,000만원 중에서 5억은 자기 돈이고 나머지 1억 5,000만원은 대출이다. 3년 전에 전세 5억9,000만원에 들어왔는데 계약연장을 하면서 6,000만원을 올려주었다.

나는 A에게 더 이상 전세로 살지 말고 집을 사라고 조언해주었다. A와 그의 아내는 같은 회사에 다니며, 둘이 합쳐서 1,000만원이 조금 넘는 액수의 월급을 받고 있었다.

그런데 A는 집을 사고 싶어도 너무 비싸서 못 산다고 했다. 이유를 물어보았더니 3년 전 지금 살고 있는 아파트의 매매가격이 10억원 정도였는데, 지금은 13억~14억원 정도 된다고 한다. 즉, 3년 사이에 3억~4억원이 올라 너무 비싸서 지금 당장은 집 사는 것을 포기하고 전세보증금을 조금 더 올려주더라도 계속해서 전세를 살면서 집 사는 것에 대해서 천천히 생각해보고 싶다는 것이다.

그래서 나는 A의 경제력에 비해 부담이 없는 서대문구 홍제동에 위치한 3호선 주변으로 20평형대 아파트를 추천해주었다. 그런데 A의 반응은 정말 예상 외였다.

"형! 20년 넘은 아파트에서 어떻게 살아요?"

"저는 그냥 전세 사는 게 낫겠어요!"

나는 A에게 재차 홍제동 아파트를 추천한 이유와 왜 사야 하는지에 대해서 이야기해주었다. 내가 추천한 20평형대 아파트는 3년 전에 가격이 6억 초반 정도였다. 그런데 지금은 8억~8억5,000만원 정도 된다. 즉, 홍제동 구축아파트라고 해서 가격이 안 오르는 것은 아니다. 나름 3호선 역세권이고 실수요자가 많아 가격상승 또한 꾸준한 아파트였다.

그러므로 더 이상 마포의 신축급아파트에 전세를 살지 말고 조금은 불편하더라도 홍제동 구축아파트를 사서 후일을 도모하라고 조언해주었다. 하지만 나의 조언은 쇠귀에 경 읽기에 불과했다. A는 집값이 너무 비싸 집 사는 것을 포기해야 할 것 같다는 말만 되풀이했다.

A의 부모님은 경제력이 없지는 않지만 그렇다고 A에게 13억원이 넘는 집을 사줄 수 있을 정도는 아니었다.

집을 못 사는 사람은 마인드가 가장 큰 걸림돌

경제규모가 커지고 발전하면서 사람들의 집에 대한 눈높이가 높아져 있는 것은 사실이다. 매스컴의 영향도 크다. 연일 강남지역 아파트 가격을 실시간으로 보고하듯 뉴스를 쏟아내고 있기 때문에 누구나 강남의 아파트 가격에 관심을 가질 수밖에 없게 되었다.

물론 인프라와 학군이 잘 갖춰져 있는 곳에 위치한 새 아파트에 살면 좋겠지만, 문제는 돈이다. 한 번에 자신이 원하는 집을 살 수 있는 경우는 상당히 드물다. 지금 당장의 불편함을 감수하고서라도 후일을 도모해야 하는데 한번 높아진 눈높이를 하향조절하기는 쉽지가 않다. 그래서 서울 하면 강남, 용산, 성동, 마포…… 정도만 생각하게 된다. 서울에는 이보다 저렴한 지역이 훨씬 많은데도 말이다.

서울에 집을 산다는 것은 예나 지금이나 어려운 일이지만 그래도 눈높이를 낮추고 후일을 도모한다면 분명 2호선 라인 안쪽으로 내 집 장만의 꿈을 이룰 수 있으리라 생각한다. 집 사는 것을 절대 포기하지 않았으면 한다.

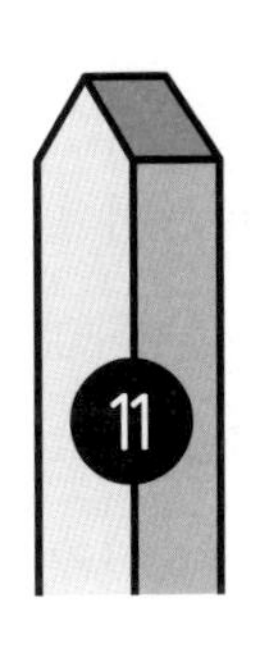

투자 vs 실거주, 두 마리 토끼를 잡기란 어렵다

집을 사기 어렵다고 생각하는 이유

조선시대에도 서울 집값은 비싸서 관료들조차 쉽게 살 수 없었다고 한다. 예나 지금이나 집을 산다는 것은 결코 쉬운 일이 아니다. 특히나 유주택자보다 무주택자들이 집 사는 것을 더욱 어려워한다. 이들이 집을 사기 어려워하는 이유는 다음과 같은 두 가지 때문이라고 볼 수 있다.

첫 번째, 모은 돈이 부족해서!

일반적으로 집을 사기 위해서는 다른 재화에 비해 많은 돈이 필요하다. 그래서 일정한 액수의 돈을 모아야 한다. 여기서 분명하게 알고 있어야 하는 것은, 자신이 사고자 하는 집의 전체 매매가만큼 돈이 있어야만 살 수 있는 것은 아니라는 것이다. 그런데 경험이 부족한 무주택자일수록 해당 집값의 100%에 근접하는 돈이 있어야만 살 수 있다고 생각을 한다.

이와는 반대로 경험이 많은 유주택자일수록 해당 집값의 최소치만으로 집을 사려고 노력한다. 집 사는 것을 어려워하는 사람일수록 많은 돈이 있어야 한다는 생각과 돈을 모두 모아야만 살 수 있다는 생각을 갖고 있다.

두 번째, 투자와 거주를 한 번에 해결하려는 욕심 때문!

무주택자일수록 투자와 거주를 한 번에 해결하려고 한다. 소유와 거주를 동일시하기 때문에 내 집 마련이 어려워진다.

집을 사서 자신의 목적과 상황에 맞게 얼마든지 실입주 대신 임대를 놓을 수도 있다. 그런데 상당수의 무주택자들은 집을 사게 되면 반드시 해당 주택에 실입주를 하려고 한다. 이렇게 되면 경제적인 부담이 더욱 커질 수밖에 없게 된다.

모아놓은 돈이 부족할수록 투자와 거주를 분리해서 생각해보기를 바란다. 집을 소유하고 있어도 때론 상황에 따라 세를 살 수도 있다는 탄력적인 사고를 갖고 있어야 한다.

집값은 화폐가치 하락으로 장기적 우상향

집값의 상승에는 크게 '단기적인 급등'과 '장기적인 상승'이 있다.

단기적인 급등은 해당 지역에 개별적인 호재가 있을 경우에 단기간에 급상승을 하게 된다. 여기에 심리적인 수요까지 가세하게 되면 상승곡선의 각도는 더욱 가팔라지게 된다. 이러한 단기적인 급등지역에 투자를 한다는 것은 사전에 정보를 갖고 있어야 하며, 그 정보의 가치를 제대로 분별해낼 수 있는 안목과 판단력이 있어야 한다. 그러므로 이런 급등 지역에 투자를 해서 돈을 벌 수 있는 사람은 한정되어 있다.

이와는 달리 장기적인 상승은 특별한 호재가 없어도 시간의 흐름에 따라 가격이 자연스럽게 상승하는 것이다. 부동산은 대표적인 실물자산이다. 통화량의 증가와 인플레이션으로 인한 화폐의 가치가 하락하는 만큼 상대적으로 가격이 상승하게 된다. 즉, 해당 부동산의 가치의 변화로 인한 상승이 아니라 화폐가치의 하락으로 인한 상대적인 상승이다. 그러므로 집값은 특별한 개발호재가 없다 하더라도 장기적인 관점에서 상승할 가능성이 굉장히 높다.

우리나라 부동산의 가격은 이러한 상승패턴을 그리며 현재까지 이어왔다. 그래서 특별한 정보와 판단력이 없어도 오래만 갖고 있으면 대부분 가격이 올라가기 때문에 보통 사람들도 부동산으로 어렵지 않게 수익을 낼 수 있게 되는 것이다.

물론 사람들의 지역적 선호도에 따라 가격상승의 크기가 다를 수는 있다. 그러나 특별한 악재만 없다면 부동산의 가격은 물가상승률 이상으로 상승하는 것이 일반적이다.

근로소득으로 열심히 돈을 모아서 집을 사는 것이 가장 이상적이겠지만 자신의 소득을 획기적으로 개선하지 못하는 한 매년 동결 또는 소폭으로 상승되는 근로소득만으로는 집값 상승의 속도를 따라갈 수가 없는 구조가 되었다. 그러므로 경험이 없는 무주택자들이 집값의 100%에 가까운 돈을 모아서 사겠다는 생각을 빨리 버리지 못하면 그만큼 내 집 장만의 꿈도 점점 멀어질 수밖에 없게 된다.

집을 사기 위해서 가장 중요한 것은 단시간 내에 적정 시드머니를 '모으는 것'이다. 이렇게 시드머니를 모았다면 이때부터는 레버리지를 활용해서 집값을 '만드는 것'에 돌입하는 것이다.

집을 산다는 것은 '자산'의 개념이지 꼭 '순자산'일 필요는 없다. 일단 빠른 시간 내에 자산을 만들어놓고, 그러고 나서 순자산의 내실을 다져도 늦지 않다.

투자? 실거주? 집을 사는 목적부터 정하자

매수하는 목적이 '투자'인지 '실거주'인지를 분명하게 정해야 한다. 왜냐하면 목적에 따라 집을 선택할 때의 기준이 달라지며, 모아야 하는 시드머니의 액수도 달라지기 때문이다.

우선 '투자목적이라면 미래가치'에 더욱 비중을 두어야 한다. 현재 시점에서 좋은 것을 사는 것이 아니라 앞으로 좋아질 것을 사야 한다.

이와 반대로 '거주목적이라면 현재가치'에 더욱 비중을 두어야 한다. 앞으로 좋아질 것을 사는 것이 아니라 현재 좋은 것을 사야 한다.

투자 경험이 적은 사람일수록 투자와 거주를 분리하지 못하고 병합해서 생각하려는 경향이 있다. 실거주목적으로 집을 산다고 하면서 본인의 한정되어 있는 자금은 생각하지 않고 '현재의 만족감 + 미래의 가치'까지 욕심을 부린다. 이렇게 물건에 대한 눈높이를 높이게 되면 선택할 수 있는 답지가 없어지고 경제적 부담만 커진다. 그러므로 집을 사고자 하는 목적을 분명하게 하고 우선순위를 정해서 취사선택을 해야 한다.

사고자 하는 집이 같은 집이라 하더라도 목적에 따라 모아야 하는 시드머니의 액수 또한 달라진다. 앞서 말했듯 집은 어떠한 목적이든 돈을 100% 다 모아서 사는 것이 아니다. 레버리지를 활용해야 한다.

이것 역시 다른 사람의 돈을 활용해야 한다는 점은 같지만 목적에 따라 돈을 빌리는 대상에는 차이가 있다. 투자목적이라면 임차인의 '보증금'이라는 레버리지를 활용해야 하며, 실거주목적이라면 금융기관(은행 등)의 '대출'이라는 레버리지를 활용해야 한다.

자본주의에서 소유권부터 확보해야 하는 이유

집을 사면 얻게 되는 권리들

주택(부동산)을 매수해서 소유자가 되면 크게 아래와 같은 두 가지 '권리'를 갖게 된다.

소유권(처분권)

해당 부동산을 소유하면서 보유할 수도 있고 처분할 수도 있는 권리를 갖게 된다. 이를 달리 표현하면 해당 부동산의 보유와 처분으로 인해 발생하는 경제적 유·불리를 모두 갖게 된다는 것이다. 그러므로 집값이 상승하면 이익을 취할 수 있으며, 반대로 집값이 하락하면 손해를 감당해야 하는 주체가 된다.

사용·수익권

소유권을 취득하게 되면 해당 부동산을 사용하고 수익할 수 있는 권리를 갖게 된다. 예를 들어 해당 부동산이 주택이라면 그 집에서 거주할 수 있는 사용권을 누릴 수 있으며, 상가라면 해당 상가에서 장사(영업)할 수 있는 수익권을 갖게 된다.

목적에 따라 달라지는 권리의 종류와 돈의 액수

매수한 주택이 투자목적이라면 소유권만을 자신이 보유한 상태에서 사용·수익권을 다른 사람에게 빌려주어야 한다. 이와는 반대로 실거주목적이라면 소유권뿐만 아니라 사용·수익권까지 모두 자신이 누릴 수 있다.

이처럼 목적에 따라 소유자가 누릴 수 있는 권리의 종류와 범위가 달라지게 되므로 부담해야 하는 돈의 액수가 달라지는 것은 당연하다.

그러므로 투자목적으로 구입해서 임대를 놓았다면 자신의 사용 · 수익권을 누리지 못하게 되므로 임차인에게 최대한 많이 보증금을 받아서 초기투자금을 최소화해야 한다. 전세보증금이라는 레버리지를 최대한 활용해야 하며, 임차인의 보증금이 대출금 역할을 하게 되기 때문에 별도의 대출은 받을 필요가 없게 된다.

그러나 이와 반대로 실거주목적이라면 사용 · 수익권을 다른 사람에게 빌려줄 수가 없기 때문에 더 많은 돈이 필요하다. 모아야 하는 돈의 액수가 늘어날 뿐만 아니라 부족한 금액은 대출을 받아 감당해야 한다.

실거주목적을 위한 대출 한도는 40%가 적정선

그럼 실거주를 위해 대출을 받을 때 얼마나 받아야 할까?

자신의 소득으로 감당할 수 있는 범위 내에서 대출을 받아야 하는 것은 당연하다. 그런데 이때에는 조금 보수적으로 적게 받는 것이 좋다.

요즘 같은 저금리와 상승장에서는 실거주목적이라 하더라도 무리를 해서 최대치의 대출을 받는 것이 지금 당장은 경제적으로 이득이 될 수도 있다. 하지만 실거주가 주목적이라면 혹시나 생길 수 있는 변수에 대비를 해놓는 것이 좋다. 언제라도 금리가 올라갈 수 있고 부동산시장이 하락세로 전환이 될 수도 있기 때문이다. 약간의 안전장치를 미리 해놓고 예기치 못한 변수가 발생했을 때 버틸 수 있는 여력을 만들어놓는 것이 중요하다.

실거주목적으로 주택을 구입할 때 최소 집값의 60% 이상은 자기자금으로 준비가 되어야 하고, 대출은 40% 미만이어야 한다. 여기서 중요한 것은, 집값 대비 대출금액의 비율인 LTV를 40% 이하로 하는 것만을 의미하는 것이 아니라 매달 원리금상환액이 자신의 근로소득의 40%를 넘지 않는 것을 포함한 개념이다.

예를 들어 자신의 월 소득이 500만원이라고 가정한다면 원리금상환액이 200만원을 넘기지 않아야 한다. 물론 사람마다 소비성향이 다르기 때문에 월 소득의 60~70% 이상을 저축하는 사람도 있다. 하지만 그렇다고 하더라도 무리해서 대출액을 늘려서는 안 된다. 앞서 언급했듯이 향후 돌발변수를 대비해서 원리금상환과는 별도로 여유자금으로 10~20% 정도는 저축을 해놓는 것이 좋기 때문이다.

이렇게 대비를 해놓는다면 금리가 상승하거나 부동산가격이 일시적으로 하락을 한다 해도 실수요자는 사용가치를 누리면서 버틸 수가 있다. 몇 년간 버틸 여력만 된다면 언젠가는 분명히 집값은 회복될 것이며 또 언제 그랬냐는 듯 물가상승률보다 높은 상승곡선을 그리며 우상향을 하게 될 것이다.

그러므로 집을 사는 목적에 따라 모아야 하는 시드머니의 액수가 달라지고 만들어야 하는 레버리지의 종류와 액수도 달라진다는 것을 알고 있어야 한다.

현재(실거주) vs 미래(자산), 당신의 선택은?

집은 사고 싶은데 돈이 부족하다. 그렇다고 해서 돈을 더 모을 때까지 집 사는 시기를 미룰 것이 아니라 '실거주 시기'를 미루어야 한다. 그리고 임차인의 임차보증금이라는 레버리지를 최대한 활용해야 한다. 돈이 부족하면 몇 년간 몸 고생은 선택이 아닌 필수라는 생각을 갖고 있어야 집을 더 빨리 살 수가 있다.

자본주의에서는 소유권이 가장 중요하다. 그러므로 소유권을 먼저 확보해야 한다. 그러고 나서 자신의 근로소득과 적절한 대출을 활용해서 사용·수익권을 확보하기를 바란다. 소유권의 소중함을 제대로 인식하지 못하고 현재의 안락함을 위해 사용·수익권을 우선 추구하게 되면 그만큼 경제적 서러움의 시간을 더 오랫동안 겪어야 한다.

특히 돈이 부족한 상태에서 집을 살 때에는 더욱 선택과 집중을 해야 한다. 모든 것을 완벽하게 취하고 싶은 마음은 누구나 갖고 있지만 이는 어쩌면 이루기 힘든 욕심일 뿐이다.

| 요점 정리 |

① 근로소득으로 돈을 다 모아서 집을 사겠다는 생각부터 버려라! 집은 '순자산'의 개념이 아닌 '자산'의 개념이다. 그러므로 순자산으로 집을 사겠다는 생각을 빨리 버릴수록 그만큼 집을 빨리 살 수 있게 된다.

② 집을 사는 목적이 '투자'인지 아니면 '실거주'인지를 분명하게 해야 한다.

③ 목적에 따라 '모아야 하는 시드머니의 액수'가 달라지고, '활용해야 하는 레버리지의 종류'가 달라진다.

④ 돈이 부족할수록 바로 '실거주목적'으로 집을 사려 하기보다는 '투자목적'으로 먼저 사야 한다. 나의 경험상 이렇게 자산을 조금이라도 더 불린 상태에서 '실거주목적'으로 갈아타는 것이 좋았다.

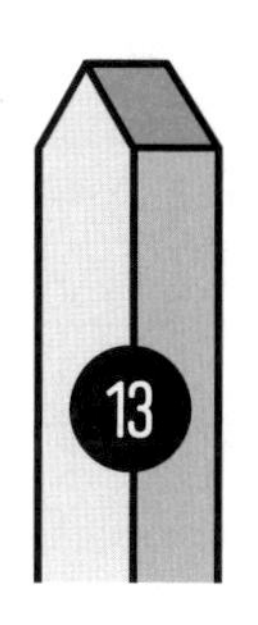

대출 없이 집을 샀다는 사연을 들으며……

대출은 '빚'이자 '빛'이다

퇴근길에 자주 듣는 라디오방송에서 '결혼한 지 20년 만에 처음으로 집을 장만했다'라는 청취자의 사연을 들었다. 사연을 소개하는 DJ도 마치 자신의 일처럼 기뻐하며 축하의 의미로 선물을 보내주겠다고 했다. 사연을 듣고 있던 나도 덩달아 기뻤다.

제법 긴 내용의 사연이었는데, 사연을 중간쯤 들었을 때 약간 안타까우면서 씁쓸한 마음이 들기 시작했다. 왜냐하면, 결혼 20년 만에 장만한 집을 '대출 없이 샀다'라고 했기 때문이다.

일반적으로 대출 없이 집을 샀다고 하면 부러워해야 한다. 소득은 정해져 있는데 지출되는 생활비는 늘어가고 거기에 대출로 인해 원금과 이자까지 매달 부담해야 한다면 생활의 여유로움은 찾아볼 수가 없게 되기 때문이다.

그런데 처음 사연을 들었을 때에는 기뻤다가 사연 중반 '대출 없이'라는 말을 들었을 때에 안타까우면서 씁쓸했던 이유는, '자본주의 사회를 살면서 금융(은행)을 제대로 이용하지 않았구나'라는 생각이 들었기 때문이다.

일반적으로 투자의 경험이 부족한 사람일수록 대출을 굉장히 꺼리는 경향이 있다. 대출을 빚으로만 생각하기 때문이다. 그래서 일단 빚을 지지 않는 것이 최선이며 만약에 빚을 지게 된다면 최대한 빨리 갚는 것이 상책이라고 생각하는 사람들이 많다. 그리고 자신이 살고 있는 집에 대출이 '0원'임을 자랑삼아 말하는 이들도 있다.

'돈을 빌리는 것'이 돈이 되는 시대

은행이란, 돈을 맡기는 곳만이 아니라 돈을 빌리는 곳이기도 하다. 그런데 위 사연의 주인공은 돈을 맡기는 곳으로만 은행을 이용하고 있었다. 분명하게 알고 있어야 하는 것은 은행이 파산하지 않고 날마다 많은 수익을 내며 건재할 수 있는 이유는 돈을 맡기려는 사람도 많지만 반대로 돈을 빌리려는 사람도 많기 때문이다.

그렇다면 많은 사람들이 왜 돈을 빌리려 하는지를 생각해보아야 한다. 아이러니하게도 '돈을 빌리는 것'이 돈이 되기 때문이다. 돈을 빌려서 그대로 소비하고 없애는 것이 아니라 필요한 곳에 적절하게 투입을 해서 더 많은 돈으로 만들어내는 것이다. 그 방법을 알고 있느냐, 없느냐가 대출에 대한 인식을 좌우하게 되는 것이다. 그런데 위 사연의 주인공은 20년 동안 남에게 돈을 빌려주는 역할만 했던 것이다. 이로 인해, 어쩌면 10년이면 장만할 수 있었던 집을 20년이라는 긴 시간이 걸려서야 장만했는지도 모른다.

즉, 대출이라는 금융상품을 제대로 이해하고 돈을 빌릴 줄 알았더라면 10년 정도는 더 빨리 '내 집 장만'이라는 꿈을 이룰 수 있었을 텐데 말이다.

집값이 하락한다는 생각 자체가 집을 투자재로 생각하고 있다는 반증

일반적으로 대출에 대해 부정적인 생각을 갖고 있는 사람들은 부동산에 대해서도 부정적인 인식을 갖고 있는 경우가 많다. 대출을 받아서 집을 샀는데, '집값이 떨어지면 어떡하지!'라는 불안한 마음에 대출을 받기보다는 돈을 모아서 사는 것을 선택한다. 문제는, 집값이라는 것이 장기적인 관점에서 보았을 때 생각과는 반대로 자꾸만 상승해서 모아야 하는 금액과 시간이 점점 늘어만 간다는 것이다.

사람에게 집 한 채는 '투자재'이기 전에 '필수재'다. 그러므로 실거주하고 있는 집의 가격이 떨어진다 해도 편히 살 수 있는 집이 있어 좋고, 반대로 가격이 올라가면 편히 살면서 보너스를 받았다고 생각하면 된다. 집값이 떨어지면 어떡하나 생각하는 것 자체가 집을 투자재로 생각하고 있다는 반증이기도 하다. 투자재로 생각하고 있으면서 정작 투자에는 더딘 방법을 택하고 있으니 이 또한 커다란 모순이 아닐 수 없다.

열심히 일해서 돈을 모아 집을 장만했다는 것은 분명 잘한 일이다. 하지만 자본주의 사회에서 경제활동을 하고 있는 사람이라면 자본주의 시스템을 제대로 이해하고 활용할 줄 알아야 한다.

어느 정도 근로소득으로 돈을 모았다면 감당할 수 있는 범위 내에서 적절하게 은행과도 손을 잡을 줄도 알아야 한다. 자신의 근로소득과 자본주의 시스템이 합쳐질 때 생각보다 큰 경제적 시너지

효과를 얻을 수 있기 때문이다.

고금리시절이었던 1970~1980년대에는 '근면성실'이 최고의 덕목이었다면, 초저금리시절인 2020년대에는 '근면성실+알파'가 되어야 살아가기가 편해질 수 있다는 것을 알고 있어야 한다.

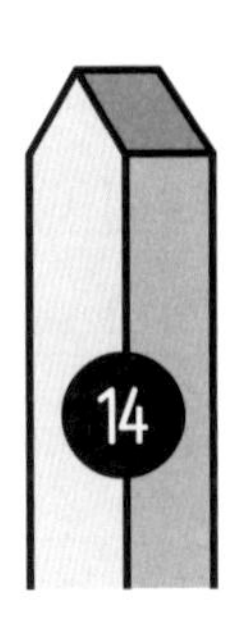

고마운 나의 임차인들에게

2017년 6월 한참 소액투자를 할 때, 연식이 20년이 다 되어가는 20평형대 복도식 아파트에 투자를 했던 적이 있다. 그 당시 매매가는 3억8,000만원이었고 전세가는 3억2,000만원이었다. 취득세와 부수적인 비용을 포함해서 실제 투자금액은 7,000만원 미만이었다. 해당 아파트에는 매도자가 직접 살고 있었다. 어차피 나는 투자목적이었기 때문에 매매 잔금은 새로운 전세임차인을 맞춰서 치르는 것으로 했다.

50대 초반의 전세임차인 A씨

그 당시 나와 전세 계약을 했던 사람은 50대 초반의 A씨였다. 인근 30평형대 아파트에서 전세로 살다가 큰딸의 결혼을 앞두고 20평형대로 옮기는 것이라고 했다. 네 식구(부부, 큰딸, 작은딸)에서 식구수도 세 명으로 줄었기 때문에 집의 크기를 줄여서 이사를 하는 것이란다. 무엇보다 큰딸을 시집보내기 위해 살고 있었던 전세보증금 4억3,000만원을 빼서 그중 6,000만원은 딸아이 결혼비용으로 지원을 해주었다는 것이다. 그리고 남은 돈 3억7,000만원 중에서 3억2,000만원으로 전세계약을 했으며 나머지 5,000만원은 비상자금으로 은행에 넣어두었다고 했다.

20년이나 된 아파트를 왜 사나요?

나는 A씨에게 큰딸을 시집보내고도 3억7,000만원이라는 돈이 있는데 왜 집을 사지 않고 전세를 구했느냐고 물어보았다. 참고로 A씨는 내가 해당 아파트를 얼마에 샀는지를 알고 있었다.

A씨는 50 평생을 살면서 지금까지 계속해서 무주택자였다고 한다. 무엇보다 본인 스스로를 부동산가격 하락에 늘 베팅을 하고 있

는 하락론자라고 하였다.

자신이 생각할 때, 집값은 늘 자신의 소득으로 감당하기에는 비쌌다는 것이다. 그러므로 언젠가는 하락할 것이라는 막연한 믿음이 있다는 것이다. 특히 A씨는, 1998년도 IMF 때와 2008년도 미국의 금융위기를 겪으면서 앞으로도 몇 년 안에 그런 대형악재가 터져서 집값이 폭락할 거라는 믿음을 갖고 있다고 했다. 그럼 그때 집 사는 것을 한번 생각해보겠다는 것이다. 자신의 생각에는 지금 집값은 터무니없는 거품이므로 어느 정도 거품이 빠졌다고 생각이 될 때 그때 집 사는 것을 고려해보겠다는 것이다.

A씨는 오히려 나에게 20년이 다 되어가는 오래된 아파트를 왜 사는지를 역으로 물었다. 그러면서 임차인인 자신은 몇 년 살다가 보증금을 돌려받고 이사를 가면 그만이지만 반대로 임대인인 나의 경우에는 혹시라도 집값이 떨어져서 매수할 사람이 없으면 계속해서 보유를 해야 하는데 그런 위험부담이 걱정되지 않느냐며 나를 걱정해주는 눈빛이었다.

나는 그 당시 더 이상 A씨와 말을 길게 해봤자 쓸데없는 소모성 언쟁이 될 것 같아 거기서 대화를 멈추었던 것으로 기억한다. A씨의 믿음과 신념은 너무 견고했다.

그리고 2년이 지났다

A씨는 임대인 입장에서는 매우 괜찮은 임차인이었다. 나의 낡은 아파트에서 지난 2년간 살면서 한번도 무엇을 고쳐달라는 말을 하지 않았기 때문이다.

그렇게 최초 전세계약기간 만기일인 2019년 6월이 다가오고 있었다. 그 당시 전세시세가 5,000만원 정도 올라가 있어서 보증금 4,000만원을 증액하는 선에서 2년을 더 연장하기로 했다.

임대차갱신청구권을 행사한 A씨, 오히려 내가 고맙다

시간은 금방 흘렀다. 재연장기간인 2년이 또 지나 계약기간 만기일인 2021년 6월이 다가왔다. 지난번에 비해 해당 아파트의 전세가격이 많이 올라 4억7,000만원이었다. A씨는 계약기간을 연장해서 2년을 더 살기를 원했다. 그래서 나는 임대차 3법에 의해 A씨의 '갱신청구권'을 받아주었다. 보증금도 5% 상한을 고려해서 1,500만원만 증액하기로 했다.

이로써 A씨의 전세보증금은 3억7,500만원이 되었다. 현재 전세

시세보다 거의 1억원이나 저렴한 가격으로 2년을 더 살게 되었다며 A씨는 연신 나에게 고맙다는 말을 했다.

A씨는 집 근처에서 포차를 운영하고 있었다. 한 달 동안 열심히 하면 500만~600만원 정도 순수익이 났다고 했다. 그런데 최근 코로나19로 인해 매출이 그 절반으로 떨어졌다는 것이다.

A씨는 한 달에 300만원이 채 안 되는 돈을 벌기 위해 늦은 밤까지 열심히 일을 해야 한다. 즉, 자신의 노동력으로 매출을 단돈 몇 만원이라도 더 올리기 위해 애를 쓰면서 하루하루 자신의 모든 시간과 노동력을 투하하면서 살아가고 있다.

그런데 나는 어떠한가?

물론 나도 많은 근로소득을 위해 하루하루 최대한 열심히 노력하면서 살아간다. 하지만 중요한 것은 이미 몇 해 전부터 내가 아무리 열심히 일을 해서 근로소득을 최대한 늘린다 해도 자본소득의 증가속도를 따라갈 수 없는 구조가 되었다는 것이다.

A씨에게 전세를 주고 있는 아파트만 보더라도 그 구조를 쉽게 이해할 수가 있다. 내가 2017년 해당 아파트에 투자한 돈은 약 7,000만원이다. 이 돈마저 2019년 보증금을 4,000만원을 증액하면서 투

자금을 일부 회수했으며, 이번에 보증금을 1,500만원 증액하면서 추가로 1,500만원을 회수하게 되었다. 즉, 나의 투자금은 2021년 6월 현재 1,500만원으로 줄었다.

그런데 해당 아파트의 가격은 그 반대로 올라만 갔다. 2017년 매수가격이 3억8,000만원이었는데 2021년 6월 현재 거래가격은 8억 5,000만원이 되었다.

나는 이러한 부동산들을 서울과 경기지역에 여러 개 보유하고 있다. 앞으로 부동산가격이 어떻게 될지는 모르겠지만 현 상태로 시간이 흘러간다고 가정을 해보면 나의 여러 개의 자본소득 로봇들은 더욱 더 가속도를 내며 열심히 일을 할 것이다.

나의 한정된 근로소득은 한 개지만, 나의 무한한 자본소득은 여러 개가 있기 때문에 자산증식의 속도면에서나 크기면에서 근로소득이 자본소득을 절대 앞지를 수 없는 구조가 되어버린 것이다.

혹자는 앞으로 부동산가격이 떨어질 수 있기 때문에 이를 대비해야 한다고 경고한다. 물론 떨어질 수도 있다. 하지만 내 기준에서는 50% 이상 폭락만 하지 않는다면 괜찮다. 이미 내가 보유하고 있는 부동산들의 가격이 큰 폭으로 상승해 있기 때문이다. 또한 보유하고 있는 부동산 상당수의 현재 전세가격이 예전에 매수했던 가격을 훨씬 상회하고 있기 때문이다. 이것이 '자본소득 시스템'이다.

근로소득은 절대 자본소득을 이길 수 없다

부동산투자에 관심이 없고 자본주의를 제대로 이해하지 못하는 사람일수록 자신의 근로소득에만 집착하는 경우가 많다. 또한, 시간과 노동력을 투하해서 땀 흘려 벌지 않은 돈은 올바르지 못한 돈이라며 폄하하거나 곱지 않은 시선으로 바라보는 경향이 있다.

자본주의에서 필요한 돈을 벌기 위해서는 몸으로 벌어야 하지만, 남들보다 잘살기 위해서는 머리로 돈을 벌어야 한다. 자본주의 시장에서 불변의 진리는 근로소득이 절대 자본소득을 이길 수 없으며 근로소득은 분명한 한계가 있다는 것이다.

지금 당장 먹고사는 것에만 신경을 쓰고 거기에 만족을 한다면 투자를 할 필요가 없다. 그러나 언젠가는 상실하고 말 자신의 노동력의 한계를 알고 있다면 반드시 미래를 위한 투자를 최대한 빨리 시작해야 한다.

내 입장에서 A씨를 바라보고 있으면 참으로 안타깝고 다른 한편으로는 참으로 고맙다. A씨는 2017년 해당 아파트 매매가의 84.2%인 3억2,000만원을 부담하고서도 한 푼의 시세차익도 가져가지 못했다. 오히려 나에게 지난 4년 동안 5,500만원이라는 보증금을 증액해주어야만 했다.

이와는 반대로 나는 매매가의 15.8%인 6,000만원(취득세 및 부수비용 제외)을 부담하고서 지난 4년간 약 4억7,000만원이라는 시세차익은 모두 내 몫이 되었다. 그런데 A씨는 나에게 연신 고맙다고 한다. 오히려 내가 A씨에게 더 고마워해야 하는데 말이다.

지금이라도 A씨가 집을 샀으면 한다

나는 지금이라도 A씨가 집을 샀으면 한다. 집은 투자의 목적을 떠나서 주거의 목적 때문에라도 반드시 필요한 재화이다. 주거의 차원에서라도 집에 대한 문제를 한 번쯤은 확실하게 풀고 가야 하는 인생의 숙제와 같은 것이다.

A씨의 경우 임대차 3법에 의해 지금 당장 2년이라는 시간을 벌었지만 정작 큰 문제는 2년 후다. 해당 아파트의 전세가격이 향후 2년 동안 한 푼도 오르지 않는다 해도 나중에 나와 재연장을 하거나 주변에 비슷한 다른 아파트로 이사를 가기 위해서는 약 1억원이라는 돈이 필요하기 때문이다. 이렇게 말하면 혹자 중에는 역전세가 나서 전세가격이 떨어질 수도 있다고 하는 이들도 있을 것이다. 물론 역전세가 나서 전세가격이 떨어질 수도 있다. 하지만 경험상 역전세가 날 확률보다는 전세가격이 올라갈 확률이 훨씬 높고 많았다. 그러므로 나는 역전세에 베팅을 하지 않는다.

지금 당장 조금 부담이 되더라도 A씨의 근로소득이 남아 있을 때에 대출을 활용해서 작은 집이라도 장만했으면 한다. 나이 들었을 때, 노동의 시간을 줄이고 약간의 시간이라도 마음대로 사용하기 위해서는 반드시 근로소득 외에 '+알파'인 자본소득이 있어야 하기 때문이다.

그 자본소득은 내 집 장만에서부터 시작된다는 것을 A씨가 어서 빨리 알았으면 한다.

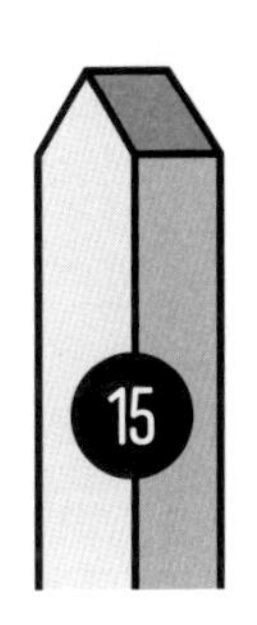

답정남 L씨에게 오피스텔 대신 아파트를 추천했지만……

30대 후반의 L씨가 상담을 받으러 왔다. L씨는 간단하게 자신의 소개를 했다.

현재 아내와 맞벌이를 하고 있으며 4살짜리 자녀가 한 명 있다. 5년 전에 교통사고로 아버지가 먼저 돌아가셨고, 얼마 전에 어머니가 평소 앓고 있던 지병 때문에 돌아가셨다. 그래서 L씨는 자신의 친형과 어머니가 사셨던 아파트를 공동상속 받게 되었다.

무주택으로 전세를 살고 있는 L씨와는 달리 자가주택에서 살고 있는 형이 상속으로 인해 2주택이 되는 것이 부담스럽다며 매도해서 상속지분대로 반반씩 나누자고 했다. 그래서 상속받은 아파트를 정리하면 각각 4억원 정도의 돈이 생기게 되었다.

신축아파트 전세로 살면서 오피스텔에 투자하려는 L씨

L씨가 상담을 요청한 이유는 상속받을 4억원을 어떻게 활용할지에 대해서 조언을 얻고자 함이다.

나는 먼저 L씨의 생각을 들어보았다. L씨는 현재 신촌에 위치한 30평형대 신축급아파트에 2020년 4월에 6억8,000만원에 전세계약을 하고 이사를 와서 거주 중이다.

전세금 중 4억원은 자신의 돈으로 충당하고 나머지 2억8,000만원은 전세자금대출을 활용했다. 그래서 상속으로 생긴 4억원 중에서 전세자금대출로 받은 2억8,000만원을 상환하고 나머지 1억2,000만원으로는 지방에 공시가격 1억원 미만의 아파트에 투자를 할지 아니면 소형오피스텔을 구입해서 월세를 받을지가 고민이었다.

L씨는 전세자금대출로 인한 이자 약 58만원(연 2.5%)과 오피스텔에서 받을 수 있는 월세 약 40만~45만원을 합치면 매달 100여 만원 정도의 추가 소득이 생기는 효과를 누릴 수 있기 때문에 내심 소형오피스텔을 매수하는 것에 더 마음이 기울어져 있었다.

나의 생각은 L씨와 달랐다

근로소득자에게 자신의 월급 외에 매달 100만원이라는 추가 수입은 결코 적은 돈이 아니다. 그러므로 L씨처럼 생각을 할 수도 있다. 하지만 단순히 이자가 아깝다는 생각에 전세자금대출을 갚고 투자의 기회를 놓친다는 것과 월세를 받기 위해서 1억원을 오피스텔에 투자를 한다는 것은 개인적으로 반대다.

원룸형 소형 오피스텔의 경우 주변에 언제든지 추가 공급이 있을 수 있기 때문에 시간이 지날수록 신축오피스텔에 비해 시설 경쟁력 면에서 뒤처질 수밖에 없다. 즉, 시설사업의 일종이기 때문에 수요자들은 임대가(월세)에서 가격적인 메리트가 없는 한 새로 지어지는 오피스텔을 찾아 떠날 것이다. 이렇게 되면 시간이 갈수록 수익률도 떨어질 가능성이 높다.

또한 오피스텔은 대표적인 수익형 상품이기 때문에 매달 일정한 월세를 받을 수 있다는 장점은 있지만 다른 부동산에 비해 시세차익이 크게 발생하지 않는다는 단점이 있다. 굳이 오피스텔에 투자를 하고 싶다면 공급이 상대적으로 제한적일 수밖에 없고 향후 시세차익면에서도 조금 더 유리할 수 있는 투룸 또는 쓰리룸의 오피스텔에 투자를 하는 것이 낫다고 생각한다.

그렇기 때문에 L씨의 소형오피스텔 투자는 만류하고 싶었다. 투자를 한다는 것은 경주용 말을 사는 것과 같다. 감당할 수 있는 범위 내에서 무리를 해서 최대한 잘 달릴 수 있는 말을 사야 한다. 지금 당장은 부담이 되고 남는 것이 없는 것처럼 보이지만 그래야 나중에 많이 남기 때문이다.

제안 1 | 서울 2급지 준신축 아파트 매수를 추천

L씨에게는 8억원이라는 돈이 있다. 그래서 나는 3억~4억원을 담보대출로 받아서 서울 2급지 정도에 15년 내외의 아파트를 구입해서 실거주하는 것을 권했다. L씨는 맞벌이를 하고 있고 현재 전세자금대출 이자로 월 58만원 정도를 부담하고 있으므로 3억~4억원을 담보대출로 받는다고 해도 원리금상환에 대한 부담이 그리 크지 않을 거라 생각되었기 때문이다.

그런데 L씨는 다음과 같은 두 가지 이유를 들면서 단호하게 거절을 했다.

첫 번째, 현재 전세로 살고 있는 아파트는 신축된 지 5~6년 정도밖에 안 된 깔끔한 아파트여서 주거에 대한 만족도가 높고, 무엇보다 종로에 위치한 자신의 직장과 마포에 위치한 아내의 직장까지의 거리가 가까워 출퇴근이 편리하기 때문에 한동안은 해당 아파트에서 계속 살고 싶다는 생각을 갖고 있다는 것이다. 이사 온 지 1년 사이에 전세금은 약 2억원 가까이 올라 현재 8억5,000만~9억원이라고 했다. 계약기간이 만기가 되는 내년에는 갱신청구권을 사용해서 2년을 더 살 계획을 갖고 있다고 한다. 즉, 동일한 가격으로 향후 3년 정도를 더 살 수 있는데 왜 이런 만족을 포기하면서까지 지금 집을 서둘러 사야 하는지 모르겠다는 것이다.

두 번째, 자신이 생각했던 대로 전세자금대출을 상환하고 소형 오피스텔을 구입하게 되면 100만원이라는 추가 수입을 얻게 되는데 이와는 반대로 집을 사게 되면 주거의 만족도는 낮아지면서 담보대출로 인한 원리금상환 부담은 더 커진다는 것이다. 그리고 집값이 최근에 급격하게 많이 올랐으므로 앞으로 계속해서 올라간다는 보장도 없기 때문에 자신은 서둘러 집을 사고 싶은 생각이 없으며 천천히 알아보고 매수를 고려해보고 싶다는 것이다.

제안 2 | 전세를 끼고 서울에 아파트를 사놓는 건?

L씨의 생각이 너무 단호해서 나는 한발 물러서서 그렇다면 4억원을 활용해서 서울에 전세를 끼고 10억~13억원 정도 하는 아파트

를 사놓을 것을 권했다. 향후 집값이 어떻게 전개될지는 아무도 모르지만 경험상 단기간에 등락은 있을지 몰라도 장기적인 관점으로 접근을 한다면 서울의 아파트는 우상향곡선을 그리며 가격이 상승해왔기 때문이다.

그리고 매달 100만원 정도의 수익도 좋지만 수익률 면에서 놓고 보면 아파트처럼 시세차익형부동산이 월등하다는 것을 경험상 잘 알고 있기 때문이다. 그런데 L씨는 이 역시 단번에 거절을 했다.

거절 이유는 3억원을 초과하는 집을 사게 되면 현재 사용 중인 전세자금대출을 회수당한다는 말을 들었기 때문이다. 투자목적으로 3억원을 초과하는 주택을 사게 되면 자신의 전세대출금 2억 8,000만원을 회수당하는데 그렇게 되면 자신은 정작 여윳돈이 없기 때문에 해당 아파트에서 이사를 나와야 하기 때문에 안 된다는 것이다. 이렇게 이사를 나오게 되면 대출금을 뺀 나머지 4억원으로 자신이 거주할 집을 다시 얻어야 하는데 현재 자신의 주거의 눈높이를 고려했을 때 4억원으로 자신이 이사 갈 만한 집을 구할 수 없다는 것이다.

L씨는 전세자금대출 연장이 불가능해지므로 현재의 '주거의 만족'을 포기하지 않는다면 현재 살고 있는 단지, 동일한 평수로 가기 위해서는 보증금 4억에 월세 150만원 정도를 부담해야 한다. 150만원에서 전세자금대출 이자로 매달 지출되고 있는 58만원을 뺀

다면 추가로 부담해야 하는 금액은 약 90만원 정도가 되는 셈이다. 아무리 맞벌이를 하고 있는 L씨라 하더라도 매달 150만원은 부담이 될 수 있다.

그러므로 L씨 부부가 조금만 눈높이를 낮춰서 신축급이 아닌 15년 정도의 아파트를 선택하고 지역을 조금만 하향한다면 월세를 100만원 미만으로도 낮출 수 있다.

개인적인 생각에는 아이가 아직 4살이므로 학령기에 접어들기 전까지 몸테크를 시도해보는 것을 권하고 싶다. 현재 살고 있는 신축급아파트의 전세살이를 포기하고 자신들의 돈 4억원에 맞추어 갈 수 있는 주택으로 옮기는 것이다.

그리고 월세로 지출하려 했던 돈까지 더 악착같이 모아서 아이가 초등학교에 입학하는 4년 후에는 미리 사두었던 아파트에 실입주를 하거나 아니면 더 상급지로 이동을 하겠다는 목표를 세웠으면 하는 바람이다. 집은 투자목적을 떠나서 주거의 목적 때문에라도 반드시 필요하다. 그렇다면 주거의 안정성을 높이기 위해 남의 집에 세를 사는 것보다 내 집에서 사는 것이 더 좋을 것이다.

아무리 깨끗한 신축아파트에서 전세로 산다고 해도 결국 내 집이 아닌 남의 집이다. 그리고 중요한 것은 내 집이 아닌 이상 계속해서 신축아파트에서 살 수 없다는 것이다. 신축아파트에서 계속 살기 위해서는 그에 맞는 보증금을 계속해서 증액해주어야 하지만 언제까지 자신의 근로소득만으로 이를 감당할 수 있을지 자신에게 되물어보아야 한다.

비록 오래되고 낡아서 지금 당장은 불편할지 모르지만 그래도 내 집은 보다 더 좋은 집으로 갈 수 있는 디딤돌 역할을 해줄 수 있다는 것을 알았으면 한다.

제안 3 | 아파트 대신 재개발용 주택을 매수하는 건?

L씨가 끝가지 신축급 아파트의 전세살이를 포기하지 않겠다고 하여 재개발지역에 투자를 하는 것도 권해보았다. 위에서 살펴본 6.17부동산규제는 아파트에만 해당이 되며 일반주택에는 적용이 되지 않기 때문이다.

이를 바꿔 말하면 서울 및 수도권지역에서도 재개발이 진행 중인 곳에서 아파트가 아닌 주택을 구입한다 하더라도 기존의 전세자금 대출은 회수당하지 않는다. 그런데, 이 역시 시간이 너무 오래 걸리고 불확실하다며 L씨는 단호하게 거절을 했다.

답정남 L씨, 왜 조언을 구하러 왔나요?

답정남 L씨는 나의 모든 제안을 갖가지 이유를 들어 거절했다. 도대체 왜 나에게 조언을 구하러 온 것일까?

가끔 내게 상담을 받으러 오는 분들 중에는 이미 마음속에 자신만의 결론을 정해놓고 해당 결론에 대한 동의 또는 응원을 받고 싶은 마음에 에둘러 말을 하는 경우가 있다.

하지만 나는 오늘만큼은 L씨의 결론에 동의하고 싶은 마음이 없었고 유료로 진행된 상담비용은 다시 되돌려주었다. 내가 L씨에게 마지막으로 해주고 싶은 조언은 다음과 같다.

근로소득만으로 '현재 주거의 만족'을 언제까지 누릴 수 있을지 모르겠지만 중요한 것은 자본소득이 뒷받침되지 않는 주거의 만족에는 분명 한계가 존재한다는 것을 알았으면 한다.

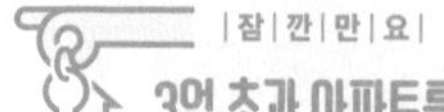

3억 초과 아파트를 사면 전세대출금은 다 회수될까?

2019년 12.16부동산규제 내용은 9억원 초과 주택 구입 시 대출 회수였다. 이후 정부는 갭투자를 원천 차단하겠다는 각오로 2020년 6.17부동산규제 정책을 만들어서 전세자금대출을 받은 사람이 이후 3억원을 초과하는 아파트를 매수할 경우 대출을 회수하기 시작했다.(단, 비규제 지역은 제외) 다만, 아래와 같이 두 가지 예외가 있다.

아파트를 사도 전세자금대출이 유지되는 경우

① 매수한 아파트에 임차인의 임대기간이 남아 있는 경우는 그 기간 동안 회수가 유예된다.

② 6.17부동산규제 시행 전에 전세자금대출을 받은 경우, 전세자금대출 만기가 남아 있다면 만기까지 이용이 가능하다.

위 규제를 L씨에게 적용해보았을 때 어차피 지금 당장 실거주목적으로 주택을 구입하는 것이 아니기 때문에 '예외 ①'은 해당 사항이 없다. 그리고 '예외 ②'의 경우 L씨는 작년 4월에 전세자금대출을 받아서 6.17부동산규제 시행 이전에 이사를 왔기 때문에 전세자금대출 만기가 남아 있는 내년 봄까지는 당장 회수당하지는 않는다.

즉, L씨의 경우 3억원을 초과하는 주택을 구입하게 될 경우 내년 4월에는 대출이 연장되지 않으므로 상환해야 한다.

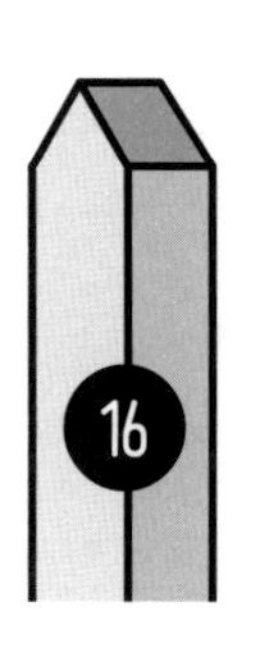

출산과 외벌이로 원금상환이 힘들면 어떻게 해요?

결혼한 지 갓 1년이 지난 30대 신혼부부가 집을 사고는 싶은데, 아래와 같은 세 가지 고민 때문에 자꾸만 망설여지고 있다며 상담을 요청해온 적이 있다.

집을 사기로 결심한 신혼부부의 세 가지 고민

연일 상승하는 집값을 보면서 집을 사고 싶다는 생각이 강해졌다. 그래서 고민 끝에 집을 사는 것으로 방향을 잡았는데, 문제는 집값이 너무 비싸서 이렇게까지 무리를 해서 과연 지금 집을 사야 하는지였다. 앞으로 무리를 해서라도 지금 집을 살 것인지, 아니면 몇 년 더 전세를 살면서 돈을 더 모아서 집을 살 것인지에 대해서 상담을 요청했다.

신혼부부는 몇 군데 집을 보고 왔는데, 그중에서 마음에 드는 아파트가 있었다. 그런데 문제는 매매가가 5억8,000만원이어서 이 집을 사기 위해서는 3억원 중후반 정도를 대출받아야 하는데, 이렇게 대출을 받게 되면 20년 상환으로 잡아도 매달 원리금으로 230만~250만원 정도 지출이 예상되었다. 이렇게 매달 발생하는 고정지출이 너무 부담스럽다며 과연 지금 대출을 받아서 집을 사는 것이 맞는 건지 고민이 된다고 했다.

3년 후쯤 2세를 계획하고 있는데 지금이야 맞벌이를 하기 때문에 부담이 되더라도 원리금상환을 할 수 있을 것 같은데, 아이를 출산하고 아내가 육아휴직 또는 퇴사를 하게 된다면 외벌이 남편의 소득(세후 월 300만원)만으로는 도저히 감당이 안 될 것 같아서 고민이었다.

세상에 공짜는 없다! No Pain, No Gain!

무주택에서 처음 집을 살 때에도, 상급지로 갈아탈 때에도 집을 산다는 것에는 언제나 무리가 뒤따르기 마련이다. 나름 완벽하게 준비를 한다고 해도 막상 실행으로 옮기려 하면 늘 빠듯하고 부족하게만 느껴진다. 그래서 머뭇거리게 된다. 머뭇거리는 동안 다른 누군가는 무리를 해서 집을 살 것이며, 상급지로 옮겨 갈 것이다. '머뭇거렸느냐' 아니면 '무리를 감행했느냐'에 따라 차이가 발생하게 되고 머뭇거리는 시간이 길어질수록 그 차이는 점점 커질 뿐이다.

몇 년 전, 지인 중에 아이들 교육 때문에 강북에서 강남으로 무리를 해서 이사를 감행한 분이 있다. 아이가 셋이고 외벌이었기 때문에 생활비와 교육비 그리고 원리금상환까지…… 외국계 대기업에 다니고 있던 그분도 처음에는 죽을 만큼 힘들었다고 했다. 그런데, 몇 년이 지난 지금은 잘 적응하고 잘살고 있다. 집값도 예전에 살았던 강북 아파트는 5억원 정도 올랐는데, 지금 살고 있는 강남의 아파트는 11억원 정도 올랐다고 한다.

사람은 죽을 만큼 힘들다 해도 결국 시간이 지나면 다 적응하고 어떻게든 살아가게 된다. 그리고 중요한 것은 그 '죽을 만큼 힘듦'의 과정을 겪어내면 그 힘든 만큼 자신의 수준도 한 단계 업그레이드 된다는 것이다. 즉, 힘듦 없이 알아서 생활수준이 업그레이드되는 일은 없다.

무리를 하지 않고 현 상태를 유지한다면 표면상으로는 현상을 유지하고 있는 것처럼 보이지만 내면상으로는 자신도 모르는 사이에 도태되어 가고 있음을 알아야 한다.

원금상환은 자산증식을 위한 강제저축

일반적으로 많은 사람들이 '원금상환'을 아까운 또는 부담스러운 '지출'로만 생각하는 경향이 있다. 원리금상환에서 이자와 원금을 나누어서 생각해보자. 이자는 아까운 지출이 맞을 수도 있다. 하지만 원금상환은 강제저축을 하고 있는 것이다.

적금은 매달 차곡차곡 돈을 쌓아가는 것이라면 원금상환은 미리 빌려 쓴 목돈을 나누어 갚아나가는 것이다. 방식에는 차이가 있을지 모르지만 결국 목돈을 만들었다는 결과물에는 별반 차이가 없게 된다. 물론 대출을 받지 않았을 때에는 매달 원금상환이라는 부담은 없을 수 있다. 하지만 월급을 모두 소비할 수는 없다. 미래를 위해 어차피 일정액 이상을 저축해야 한다. 결국 강제저축과 같은 효과가 있는 원금상환을 통해 더 빠르게 돈을 모을 수 있는 기회가 될 수도 있다.

그리고 이자도 결코 아깝다고 생각을 해서는 안 된다. 대출을 받지 않았다면 그만큼의 목돈을 만들기 위해서 5년 혹은 10년 이상 동안 돈을 모아야 했을 것이기 때문이다. 약간의 이자로 시간을 번 셈이 된다.

여기서 중요한 것은 '시간을 벌었다'의 개념이다. 단순히 시간을 절약했다 정도로만 생각해서는 안 된다. 자본주의 경제가 정상적으로 작동되고 있는 국가에서는 통화량의 증가와 물가상승으로 인해 화폐의 가치는 시간이 갈수록 점점 떨어질 수밖에 없다.

쉬운 예로 어릴 적 자주 사 먹었던 부라보콘의 가격을 생각해보자. 10년 전 1,000원이던 것이 현재는 2,000원이다. 10년이란 시간 동안 부라보콘의 가치가 200% 상승한 것이 아니라 10년이란 시간 동안 통화량의 증가, 물가상승 등으로 화폐의 가치가 떨어진 것이다.

단순 소비목적이 아닌 자산의 증식을 위해서 이자를 지불하면서 미래의 돈을 끌어다 쓴다는 것은 경제적으로 매우 이익이라는 생각을 가져야 한다. 그러므로 원리금상환은 절대 부담이 아니라 오히려 자산 형성에 디딤돌 역할을 해주고 있다고 생각해야 한다.

출산과 외벌이로 힘들어지면? 그때 집을 팔면 된다

2~3년 후에 아이가 태어나서 아내가 육아휴직을 하게 되면 남편의 소득만으로 생활을 해야 하는데, 그때는 원리금상환이 부담 정도가 아니라 능력 자체가 안 될 것 같아서 걱정이 된다고 했다. 이들 부부는 다음과 같은 세 가지 생각을 갖고 있어야 한다.

첫 번째, 남편의 월급이 계속 300만원에 머물러 있지는 않을 것이다. 경력이 쌓이고 직급이 올라갈수록 월급도 올라갈 것이다. 그러므로 남편은 최대한 자신의 몸값을 높이기 위해서 노력해야 한다. 또한 월급만으로 생활이 어려울 것 같다면 투잡이라도 뛰겠다는 각오를 해야 한다.

두 번째, 아이가 생겨서 육아휴직에 들어가기 전까지 최대한 허리띠를 졸라매고 생활비를 비축해놓아야 한다. 그리고 아이가 어느 정도 크면(경험상 아이가 3살 정도) 복직을 해도 되고 아니면 파트타임 알바라도 할 각오가 있어야 한다.

세 번째, 그래도 정말 힘들어서 못 버티겠다면 그땐 집을 팔면 된다. 그때쯤이면 보유기간과 실거주요건을 모두 갖추었을 것이므로 양도세 비과세를 받고 팔면 된다. 그럼 최소한 전세를 산 것보다 경제적으로 나은 결과물을 얻을 수 있을 것이다.

생각은 신중하게 해야 하지만 어디로 가야 할지 방향을 정했다면 자신의 판단을 믿고 머뭇거리지 말고 죽을힘을 다해 달려나가야 한다. 죽을 듯 달려도 숨만 찰 뿐, 절대 죽지는 않는다.

실천 없는 재테크는 절대 없다는 것을 반드시 인식하고 있기를 바란다!

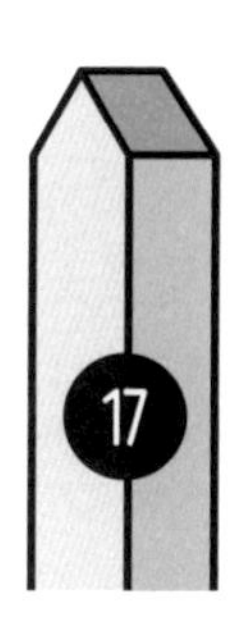

과거는 묻지 마세요!

(feat. 2년 전 그 아파트의 가격은 얼마?)

부모님 투자 성향이 달라 전세를 선택한 신혼부부

2017년, 지인의 소개로 예비 신혼부부가 상담을 받으러 사무실에 찾아온 적이 있다. 신랑은 대기업 대리, 신부는 중학교 교사였다. 이들은 신혼집을 자가로 할지 아니면 전세로 할지에 대해 고민을 하고 있었다. 하지만 상담을 해본 결과 어느 정도 전세 쪽으로 결론을 내고 나를 찾아온 것 같았다.

이 신혼부부는 남들이 선호하는 직업을 가졌으며, 소득 또한 안정적이었다. 그래서 나는 주택 구입을 권했다. 무엇보다 양가 부모님 모두 여유가 있는 편이어서 약간의 대출만 받는다면 무리 없이 집을 살 수 있는 케이스였기 때문이다. 하지만 이들은 신축아파트 30평형대 전세 쪽으로 이미 마음이 기울어져 있던 상태였다. 이들이 눈여겨본 아파트는 신축 대단지 브랜드 아파트였다. 워낙 대단지이다 보니 초기 입주물량이 한꺼번에 쏟아져서 시세보다 저렴하게 나온 전세매물이 제법 있었다.

나는 아무리 생각해보아도 이들은 집을 살 수 있는 여력이 충분하다고 판단했다. 그래서 같은 단지에 급매로 6억원에 나와 있던 20평형대를 매매로 한 번 더 권했다. 하지만 이들의 최종 선택은 30평형대 전세(전세보증금 5억원)였다.

전세를 택한 이유는 20평형대를 매수하기 위해서는 1억원 정도를 대출받아야 했는데, 신랑 쪽에서 대출에 대한 인식이 굉장히 부정적이었다. 또한 이들 신혼부부는 그 당시 집값이 너무 오른 상태라고 판단했다. 은행 빚을 내서 집을 구입했는데, 집값이 떨어지면 어쩌나 하는 불안감이 컸으리라 생각된다. 그래서 일단 전세로 살면서 집값이 안정되면(아마도 집값이 하락할 것이라고 예상했던 것 같다.) 돈을 모아서 천천히 집을 마련해야겠다고 계획을 세웠던 것으로 보인다.

그리고 1억원가량을 대출받게 되면 매달 약 20만원 정도 되는 이자를 부담해야 하는데, 그 돈도 아까웠던 것으로 보인다. 여기에 신혼집은 넓은 새 아파트에서 시작하고 싶다는 로망이 있었을 것이다. 이러한 이유들로 20평형대 매매보다는 30평형대 전세를 선택했을 거라는 생각이 든다.

구축아파트 매수를 추천했지만……

그 후로 2년이 지난 2019년도에 이들이 다시 상담요청을 해왔다. 처음 입주 당시에는 입주물량이 한꺼번에 쏟아져서 비교적 저렴한 전세가로 계약을 할 수 있었지만, 2년 만기가 돌아온 2019년도에는 상황이 많이 달라졌다.

임대인이 재계약을 하려면 전세금을 1억원을 올려달라고 한 것이다. 참고로 이때는 임대차 3법 시행 전이었다. 전세매물 시세를 확인해보니 6억~6억5,000만원이었다. 이들은 신혼생활을 즐기다보니 2년 동안 돈을 거의 모으지 못했다. 그래서 양가 부모님의 도움을 받든가 아니면 전세자금대출을 받아야 하는 상황이었다.

내가 2017년 당시 추천해준 20평형대 시세는 7억5,000만~8억원에 형성되어 있었다. 나는 이들에게 전세 재연장을 하지 말라고 조언했다. 그리고 지금이라도 신축아파트를 포기하고 주변에 있는

30평형대 구축아파트를 매수할 것을 권해주었다. 내가 추천한 아파트는 비록 2003년식으로 연식이 오래된 아파트였지만 1,000세대가 넘는 대단지였고 선호하는 브랜드의 아파트였다. 그리고 위치상 해당 신축아파트와 인접하고 있어 편의시설과 인프라를 함께 공유할 수 있었다. 무엇보다 초등학교 학군이 괜찮은 편이어서 젊은 엄마들 사이에서 가성비 좋은 아파트로 이미지가 각인되어 있었다.

연식이 조금 오래된 것이 단점이었지만 그만큼 가격적인 부분에서 부담이 덜했다. 중간층 기준으로 30평형대의 가격이 6억5,000만원선이었다. 하지만 이 부부의 선택은 이번에도 역시 나와는 달랐다. 양가 부모님께 1억원을 지원받아 전세계약을 2년 더 연장하는 것을 선택한 것이다. 이들이 전세를 선택한 이유는 크게 두 가지 때문이었을 것이다.

첫 번째, 2년 전 가격에 비해 또다시 집값이 많이 올랐기 때문이다

부동산가격 상승에 부정적인 인식을 갖고 있던 사람들이었기 때문에 앞으로 집값이 떨어질 가능성은 더욱 높아졌다고 판단했을 것이다.

참고로 내가 2017년도에 매수를 권했던 같은 단지 20평형대는 2021년도 8월 기준으로 12억원이 되었고, 2019년도에 매수를 권했던 구축 30평형대 아파트는 10억5,000만원이 되어 있었다.

두 번째, 부동산의 과거 가격을 알고 있었기 때문이다

2017년도에도 비싸다고 생각했기에 집 사는 것을 망설이다 결국 사지 않았다. 그런데 2년 후인 2019년도에 더 오른 가격으로 집을 사라고 하니 가격에 대한 반발심이 컸을 것이다.

나름 논리적인 이유 같지만, 내 기준으로 생각했을 땐 정말 안타까운 선택이었다. 집이란 그리고 재테크란 결코 한 번에 끝낼 수 없는 '네버엔딩 숙제'와 같은 것이다. 원하는 집을 100% 돈을 모아서 자기 자금만으로 사겠다는 생각은 버려야 한다. 감당할 수 있는 범위 내에서 적절한 대출을 활용해 집을 사야 한다. 그리고 그 첫 번째 집을 디딤돌 삼아 원하는 집으로 한 걸음씩 나아가야 한다.

이 부부에게 특별한 변화가 없는 한, 앞으로의 모습도 크게 달라지지 않을 것이다. 2019년도에 이들이 다시 전세를 선택해서 2년을 사는 동안 집값은 그들의 연봉보다 훨씬 많이 올랐다. 결국 시간이 지날수록 받아야 하는 대출의 금액만 커졌을 뿐이다.

이들은 남들이 부러워하는 대학을 나왔으며, 좋은 직장을 다니고 있다. 그래서 월수입도 제법 안정적인 편이다. 하지만 그것이 끝이다. 근로소득에서는 우수한 성적을 거두고 있지만, 자본소득에서는 마이너스를 내고 있기 때문이다.

자본주의를 살아가면서 경제시스템을 제대로 이해하지 못한다는 것은 자신도 모르는 사이에 엄청난 손해를 보고 있다는 사실과도 같다. 연봉이 5% 올라갈 때, 집값은 그 이상 올라간다는 사실을 알고 있어야 한다.

우리의 인생에 있어서 재테크는 번거로움과 불편함을 준다. 그리고 약간의 불안감도 함께 수반될 것이다. 하지만 거기에 비례하여 경제적 이득이라는 보상으로 돌아오기 때문에 감수하고 인내해야 하는 시간이 필요하다.

분명한 것은 집값 상승률의 폭이 대출이자보다 훨씬 크다는 것이다. 과거에도 그랬었고, 현재에도 그랬고, 미래에도 그럴 것이다. 그러므로 자본주의 경제하에서 대출받아 집을 사는 것에 대해서 너무 두려워하지 않았으면 한다.

'하락' VS '상승' 당신은 어디에 베팅하고 있나요?

안타깝지만 나이를 먹을수록 어릴 적 친구는 3단계로 나뉜다

어느덧 40대 중반을 향해 달려가고 있다 보니 친구들도 사회적으로나 경제적으로 하나둘씩 자리를 잡아가고 있다. 그런데 나이가 들어감에 따라 어릴 적 친구들이 자연스럽게 다음과 같이 3단계로 나누어지고 있음을 느끼게 된다.

1단계 | 만나면 '몸과 마음이 편해지는' 친구

사회적으로나 경제적으로 어느 정도 자리를 잡은 친구들이 여기에 속한다. 이런 친구들과 만나면 생활수준과 관심사가 비슷하기 때문에 대화가 즐겁고 건설적이다.

2단계 | 만나면 '마음만 편해지는' 친구

사회적으로나 경제적으로 모두 자리를 잡지 못한 친구들이 여기에 속한다. 어릴 적부터 친구였기 때문에 어울릴 수 있는 것이지 만약 사회에서 만난 사이라면 서로의 격차 때문에 융화될 수 없는 관계일 것이다. 단, 이들에게는 어릴 적 추억이라는 즐거움을 공유하고 있기 때문에 옛이야기를 하면서 소소한 시간을 보낼 수는 즐거움이 있다.

그런데 딱 거기까지다. 무언가를 바라면서 만나는 사이가 아니라 그저 어릴 적 순수함을 공유하기 위한 관계일 뿐이다.

3단계 | 만나면 '몸과 마음이 불편해지는' 친구

사회적으로는 어느 정도 자리를 잡았으나 경제적으로는 자리를 못 잡은 친구들이 여기에 속한다. 어릴 적 추억을 공유하고 있기 때문에 오랜만에 만나면 참으로 반갑다. 하지만 그 반가움은 잠시 뿐이다. 그리고 서로의 눈치를 보다가 이야기가 겉돌기 시작하다가 이내 분위기가 어색해진다. 가장 큰 이유가 경제적 상황과 마인드가 너무 다르기 때문이다. 특히 재테크에 대해 부정적인 시각을 갖고 있는 경우가 많다. 그리고 남들의 자본소득을 불로소득이라 폄하하면서 지극히 싫어한다. 자본의 가치보다는 근로의 가치에 비중을 두는 삶을 살아간다.

문제는 자존심이 강하고 무엇보다 하락론에 대한 신념이 너무 강하다는 것이다. 자칫 이런 친구들과 논쟁이 벌어지면 큰 말싸움으로 번질 위험이 있기 때문에 친구 사이지만 최대한 말을 가려서 해야 하는 불편함이 뒤따른다. 그래서 함께 있는 자리는 시간이 갈수록 몸도 마음도 불편해지는 만남이 되고 만다.

나의 친구 A는 대표적인 하락론자다

오랜만에 만난 A는 어쩌면 위에 나열한 단계 중에서 3단계에 속하는 친구일 것이다.

어릴 때부터 손으로 만드는 솜씨가 좋고 성실해서 현재 인테리어업을 하고 있는데 나름 단골고객도 많고 일거리가 끊이질 않는다. 그래서 월 소득도 친구들에 비해 결코 적은 편이 아니다. 그런데 A의 경제력(자산)은 그의 소득에 비해 그다지 좋지 않다.

가장 큰 이유는 재테크에 전혀 관심이 없기 때문일 것이다. 특히 집 장만에 대해 굉장히 부정적인 생각을 갖고 있다. 그래서 결혼해서 13년이 지난 현재까지도 전세로만 주거를 고집하고 있다. 오랜만에 만난 A에게 평상시 입버릇처럼 적절한 대출을 활용해서 집을 사라는 오지랖을 부렸다가 "너나 많이 사라!"라는 핀잔만 들었다.

A가 이렇게 집을 사기 싫어하는 이유를 알기 위해서는 A가 결혼을 준비하던 2008년으로 타임머신을 타고 돌아가봐야 한다.

처음에는 '초심자의 행운'이 따랐던 A

A는 2008년 11월에 결혼을 앞두고 같은 해 7월부터 본격적으로 신혼집을 알아보았다.

A는 어릴 적부터 근면성실 그 자체였다. 다른 친구들보다 열심히 일을 했으며 모아놓은 돈도 제법 있었다. 그 당시 신혼집을 구할 때 A가 모아놓은 돈 1억원과 아내가 될 사람이 모아놓은 돈 5,000만원 그리고 예비 처가에서 도와주기로 한 3,000만원 등 총 1억8,000만원을 가지고 신혼집을 알아보았다.

처음에는 대출 없이 아파트 전세로 계약을 할까 하다가 그래도 편하게 살 수 있는 집 한 채만큼은 꼭 있었으면 좋겠다는 생각에 신축빌라를 매매로 알아보았다. 그 당시는(노무현 정권 말기) 연일 집값이 폭등 수준으로 가파르게 상승하고 있던 시기였다.

아파트를 사는 것은 상대적으로 많은 대출을 받아야 했기 때문에 부담스럽고 그나마 대출금에 대한 부담을 줄일 수 있는 빌라를 매수하는 것으로 방향을 잡았다. 참고로 그 당시 담보대출 금리는 6%대였다.

그렇게 두 달 정도를 발품 팔고 다니다가 딱 마음에 드는 신축빌라를 발견했다. 3호선 불광역까지 도보로 3분 거리면서 넓은 골목과 평지에 위치한 빌라였다.

등기상 전용면적은 18평이었는데 발코니확장형으로 지어진 집이다 보니 실평수는 21~22평 정도 되는 빌라였다. 참고로 빌라 분양현장에서 흔히 말하는 '○○평형'은 실평수에 12평 정도를 더해서 말한다. 즉, 실평수가 21평이면 분양광고를 할 때는 32~33평형이라고 분양을 한다.

무엇보다 가장 큰 메리트는 주변 비슷한 조건의 신축빌라들보다 분양가격이 2,000만~3,000만원 정도 저렴한 2억3,000만원이었다는 것이다.

A와 예비신부는 해당 빌라가 마음에 들어 가계약금으로 500만원을 미리 걸었다. 신혼집에 대한 결정은 물론 본인들이 하겠지만 그래도 본 계약에 앞서 양가 부모님께 집을 보여드리고 계약서를

작성하는 것이 좋겠다는 생각에 본 계약은 일주일 후에 하는 것으로 일정을 잡았다.

며칠 후 분양사무실에서 전화가 왔는데, 분양사무실 실장이라는 사람이 뜬금없이 일방적으로 계약해제 통보를 했다는 것이다. 주변에 분양하는 빌라들에 비해 해당 빌라의 분양가를 너무 싸게 책정을 한 것 같아서 건축주가 분양가를 3,000만원을 올리겠다는 것이다. 그래서 최초 분양받기로 한 2억3,000만원에 추가로 3,000만원을 더 부담을 해야 했다. 그게 싫으면 계약을 이행할 마음이 없기 때문에 건축주가 받은 가계약금 500만원의 배액인 1,000만원을 상환하고 가계약을 해제하겠다는 것이었다.

A는 어이가 없고 당황스러웠지만 달리 방법이 없었다. 2억3,000만원에 분양받기로 했던 빌라를 단 며칠 만에 3,000만원을 더 부담하고 분양받는다는 것 자체가 금액적으로도 부담이 되었고 무엇보다 기분이 크게 상했다고 했다. 그래서 예비신부와 상의해서 배액인 1,000만원을 돌려받고 계약을 해제했다.

문제는 그러고 나서 다른 신축빌라들을 알아보러 다녔는데 다른 빌라들 역시 그 사이에 분양가가 적게는 1,000만원에서 많게는 3,000만~4,000만원까지 올라가 있었다. 그 당시만 하더라도 강북지역에 위치한 빌라의 가격이라고는 믿을 수 없는 3억원에 근접해 있었던 것이다.

시간이 갈수록 신혼집을 구하지 못했다는 불안감, 그리고 눈에 보이는 가격상승에 애만 타면서 9월 추석연휴를 맞이하게 되었다. 추석연휴 때 양가 부모님들로부터 신혼집에 대한 질문을 받았을 때 참으로 곤혹스러웠다. 결혼식 날짜는 점점 다가오는데 신혼집을 아직 구하지 못했으며 하루하루가 다르게 집값이 올라가고 있었기 때문이다. 차라리 처음에 계약하기로 했던 집을 3,000만원을 더 주고 계약을 할걸 하는 후회까지 들었다.

그런데 정말 거짓말 같은 일이 벌어졌다. 2008년 9월 추석연휴가 끝나자마 연일 뉴스에 '서브프라임모기지사태'와 '리먼브라더스 파산' 등의 미국발 금융위기에 대한 기사가 쏟아졌다. 그리고 거짓말처럼 집값이 떨어지기 시작했다. 자신들이 계약하려고 했던 신축빌라의 가격은 추석 전에는 2억7,000만~2억8,000만원까지 분양가를 올렸었는데 추석연휴가 끝나고 며칠이 지난 시점에는 일주일에 거의 1,000만~2,000만원씩 떨어졌다.

그렇게 10월이 되었을 때 주변에 신축빌라들의 분양가가 하나같이 2억원 초반대까지 떨어졌지만 분양을 받으려는 사람은 거의 없었다. 집값이 한동안은 계속 떨어질 것이라는 생각에 수요에 대한 심리가 0%에 가까워지고 있었기 때문이다.

A에게는 정말 천운과도 같았다. 만약, 건축주가 최초 분양가에서 3,000만원을 올리지 않았다면 자신은 2억3,000만원에 분양을

받았을 것이다. 그랬다면 불과 한 달도 안 되어서 3,000만원이라는 돈을 손해 보았을 것이다.

그런데 정말 운이 좋았던 것이 건축주가 분양가를 올려서 오히려 자신들이 걸었던 가계약금 500만원의 배액을 상환을 받고 해당 빌라를 분양받지 않음으로 인해 3,500만원이라는 경제적 이익을 본 것이었다.

처음 시작을 어느 시점에 했느냐가 중요하다

A는 이때 커다란 망치로 뒤통수를 한 대 맞은 느낌이었다. 그러면서 '집값은 모두 거품이었구나!'라는 것을 깨달았다.

불과 한 달 사이에 해당 주택에 대한 가치는 거의 변화가 없었는데 가격은 1억원 가까이 등락하는 것을 목격했기 때문이다. 즉, 3억원 근처까지 치솟았던 집값이 한 달 사이에 2억원 초반까지 떨어졌는데도 자신을 포함한 주변 사람들이 아무도 집을 사려 하지 않으려는 모습을 보면서 집값에 대한 거품이 얼마나 심한지를 깨닫게 되었다.

A는 우리나라 집값은 가치에 비해 일시적인 가짜수요(투기세력)로 인해 가격에 왜곡현상이 심하게 발생하고 있다고 생각했다. 그래

서 현재의 집값도 제대로 가치가 반영되어 형성된 가격이 아니라 일시적인 수요가 몰림으로 인해 형성된 가격이므로 실제 가치와는 크게 괴리가 있는 가격이라는 것이다. 그러므로 결국 언젠가는 가격이 하락할 수밖에 없다는 결론을 얻은 것이다.

2008년 미국의 금융위기 이후 2013년까지 우리나라 부동산의 가격은 약간의 조정 또는 보합의 기간을 거쳤다. 5년 동안 가격상승은 거의 없었고 오히려 소폭 하락을 경험하기까지 했다.

2008년도에 부동산에 첫발을 내디디려 했던 A는 이러한 침체기 시장을 경험하면서 거품론(하락론)에 대한 믿음을 더욱 키워갔을 것이다. 이처럼 부동산투자에서 첫발을 어느 시점에 내디뎠느냐가 중요하다. 하락기에는 너무도 쉽게 하락론자가 된다. 반대로 상승기에는 너무도 쉽게 상승론자가 된다. 특히, 현금흐름을 중요하게 생각하는 장기투자가 아니라 시세차익을 중요하게 생각하는 단기투자의 성향을 갖고 있는 사람이 하락기에 첫 투자를 했다고 하면 또 다시 투자에 나서기가 쉽지 않을 것이다.

그러나 우리가 반드시 알고 있어야 하는 것은 부동산 가격은 단기적인으로는 등락의 사이클을 그리며 움직이지만 장기적인 관점에서 가격을 바라보았을 때 우상향곡선을 그리며 지금까지 상승해 왔다는 것이다. 그러므로 장기적 안목을 갖고 투자에 임하는 사람일수록 자연스럽게 상승에 베팅을 하게 된다.

무주택 실거주자라면 장기적 상승에 베팅할 것!

일반적으로 집값이 장기적인 관점에서 상승할 수밖에 없는 이유는 해당 주택의 가치가 상승해서 올라가는 경우보다는 대부분 통화량의 증가와 인플레이션으로 인한 화폐가치의 하락으로 인한 실물자산의 상대적 상승 때문이다. 여기에 시장 분위기에 따른 심리적인 수요의 증가와 부동산마다의 개별적인 호재까지 얹어지게 되면 큰 상승폭을 그리게 되는 것이다.

A가 신혼집으로 처음 분양받으려 했던 빌라의 가격도 마찬가지였다. 2008~2013년까지는 보합 박스권에 갇혀 2억2,000만~2억5,000만원 사이를 맴돌았다. 그러다가 회복 사이클에 올라탄 가격은 2014년도부터 매년 1,000만~2,000만원씩 꾸준하게 상승했다. 그리고 작년 해당 지역이 재개발구역으로 지정되면서 현재 해당 빌라의 시세는 6억5,000만원이 되었다.

그러므로 최소한 무주택자이면서 실거주가 목적이라면 단기적인 등락에 연연할 필요 없이 장기적인 상승에 베팅을 하고 매수하는 것이 좋다. 하락에 베팅을 고려하는 것은 단기 시세차익에 중점을 두고 있는 유주택자가 다음 주택을 추가로 투자를 할지 말지를 고민할 때에나 하는 것이다.

내 친구 A에게

하락론은 하나의 종교와 같다. 안타까운 것은 이런 종교와 같은 신념으로 인해 가족들이 경제적으로 어려움을 겪을 수도 있다는 것이다.

결과론적인 이야기 같지만 A는 현재 전세자금대출 1억5,000만원을 받아서 5억원짜리 전세를 살고 있다. A의 순자산은 3억5,000만원 정도다. 만약 A가 2008년도에 해당 빌라를 2억6,000만원에 분양받았다면 A의 현재 자산은 어땠을까를 생각해보게 된다.

A는 지난 13년간 누구보다 열심히 일을 했고 돈을 벌었다. 그런데 단지 하락론에 베팅을 했다는 이유만으로 살림살이가 노력에 비해 나아지질 않았다. 이제는 A가 하락론에서 벗어났으면 한다.

종교마다 차이는 있겠지만 정말 좋은 종교는 신앙인의 마음과 몸을 편하게 해주어야 한다. 하지만 이와 반대로 점점 힘들게 하는 종교가 있다. 그러므로 A 스스로가 자신의 심신 상태를 객관적으로 체크해보았으면 한다.

나의 오랜된 친구 A와의 만남은 처음에는 항상 즐겁지만 마흔 살이 넘어 서로의 포지션이 자리 잡아 갈수록 유쾌하지만은 않아졌다.

나는 아래의 질문 두 가지를 나와 A에게 던진다.

"A와의 관계는 앞으로 얼마나 더 유쾌하게 이어질 수 있을까?"
"과연 나는 다른 친구들에게 몇 단계의 친구일까?"

전세가율이 높으면 집값이 오르는 이유

경기도에 집을 알아보던 한 신혼부부

몇 달 전, 뜸하게 연락하고 지내는 지인에게 부탁을 받았다. 자신의 동생이 결혼을 앞두고 신혼집을 알아보고 있는데 조언을 해줄 수 있는지를 물어왔다. 그래서 지인에게 내 연락처를 동생에게 알려주어도 되며 방문하기 전에 미리 연락만 달라고 했었다. 그렇게 지인의 동생인 A를 처음 만나게 되었다.

A는 조만간 결혼식을 앞두고 있는데 예비신부와 하루라도 빨리

같이 살고 싶어서 신혼집을 최대한 빨리 구할 생각이었다.

A는 결혼자금으로 1억1,000만원 정도를 모아놓았으며, 예비신부 역시 8,000만원 정도를 모아놓았다. 여기에 양가 부모님이 1억5,000만원을 지원해주기로 했다. A와 예비신부는 이렇게 만들어진 3억4,000만원 중에서 신혼집을 구하는 데 3억원 정도를 사용하고 나머지 4,000만원으로 살림살이 마련, 신혼여행 경비, 결혼식 준비 등의 비용으로 사용할 계획을 갖고 있었다.

A는 직장이 신도림 방향이고 예비신부는 인천 주안 방향이어서 중간 지점이면서 지하철 1호선이 다니는 곳에 위치한 20평형대 아파트 전세를 중점적으로 알아보았다. 서울이 아닌 지역이었기 때문에 막연하게 3억원 정도면 자신들이 원하는 소형평수의 아파트 전세를 신혼집으로 구할 수 있을 거라 생각했다.

그런데 현실은 전혀 그렇지 않았다. 생각보다 전세가격이 비쌌다. 그리고 아무래도 신혼집이다 보니 이왕이면 깨끗한 집 위주로만 보러 다녔다. 그러다 보니 집에 대한 눈높이가 높아졌다. 그래서 연식이 20년이 넘은 복도식 아파트는 아예 눈에 들어오지 않게 되었다.

그러던 중 이들의 물망에 오른 아파트가 있었다. 비록 연식은 20년이 넘었지만 평수도 30평대이면서 2년 전쯤 집주인이 새시까지 올수리한 내부컨디션 최상의 집이었다. 전세가격은 4억7,000만원이었다. 그래서 전세자금대출 1억7,000만원을 받아서 해당 아파트를 신혼집으로 계약하는 것으로 마음이 기울었다. 이미 90% 이상 마음을 먹었는데 그래도 혹시나 하는 마음에 자신들의 선택이 맞는 결정인지를 확인받고 싶은 마음에 조언을 받고 싶다며 도움을 청한 것이었다.

전세가율이 높은 그 아파트, 매수를 추천!

나는 해당 아파트에 현재 나와 있는 매물들의 매매가와 전세가를 살펴보았다. 비교적 매매가 대비 전세가의 비율이 높은 편이었다. 일반적으로 매매가는 미래가치를 반영하고 전세가는 현재가치를 반영하게 된다. 매매가 대비 전세가가 높다는 것은 현재를 기준으로 거주자들의 만족도가 높다는 뜻이기도 하다. 편하게 살기 좋다는 의미로 해석할 수 있다. 이렇게 전세가 비율이 높은 아파트의 특징은 기본적인 인프라가 잘 갖춰져 있다는 것이다. 다만 특별한 개발호재가 없어서 특정지역처럼 가격이 급상승하지는 않는다.

하지만 실수요자들의 수요가 꾸준하게 뒷받침해주기 때문에 매매가와 전세가가 모두 꾸준하게 상승하는 패턴을 보이는 경우가 많다. 즉, 특별한 호재가 없어도 묵묵히 갈 길 가는 아파트가 된다. 이런 아파트는 가성비가 비교적 좋은 편이면서 금액적인 부담이 덜하기 때문에 무주택자라면 전세로 사는 것보다 조금 더 무리를 해서 매수를 해서 사는 것이 향후 경제적으로 이득이 될 확률이 높아진다.

현재 A가 마음에 들어하는 매물은 매매가 5억5,000만원과 전세가 4억7,000만원으로 매매와 전세가 동시에 나와 있는 상태였다. 참고로 이렇게 올수리가 된 집은 집주인이 처음에는 오래 살 생각을 갖고 수리를 했을 것이다. 그런데 얼마 살지 않고 지금처럼 매매와 전세를 동시에 내놓았다는 것은 그만큼 빨리 이사를 가야 하는 이유가 있다는 것이다. 팔리면 좋은데 만약 팔리지 않으면 전세라도 놓고 이사를 나가겠다는 것이다. 그럼 집주인이 원하는 조건(대부분 날짜일 것이다.)만 잘 맞춰준다면 매매가에서 500만~1,000만원 정도는 어렵지 않게 홍정을 할 수가 있게 된다.

아무리 생각해보아도 내 기준에는 A가 4억7,000만원에 전세로 계약을 하는 것보다 5억5,000만원에서 가격 네고를 해서 매수하는 것이 향후 경제적으로 더 나은 선택이 될 것이라는 경험적 확신이 들었다. 그래서 나는 전세대출로 1억7,000만원을 받는 것보다 담보대출로 2억5,000만원을 받아서 차라리 그 집을 매수해서 신혼을 시작하라고 권해주었다.

A는 계산기를 두들기기 시작했다

해당 아파트를 전세 대신 매수를 하라는 말에 A는 내심 놀란 기색이었다. 신혼집을 처음 알아보러 다닐 때 아예 대출은 생각지도 않았는데 자기들 딴엔 1억7,000만원까지 전세대출을 받는 것도 무리인데 20년이 훨씬 넘은 아파트를 사기 위해 더 큰 금액인 2억5,000만원을 담보대출로 받으라고 하니 원리금상환에 대한 부담이 너무 크다며 난색을 표했다.

또한 자신들은 처음부터 신혼집을 자가가 아닌 전세로만 알아보았기 때문에 금전적으로도 그렇고 심적으로도 그렇고 아직 집을 살 준비가 되지 않았다는 것이다.

A와 예비신부의 월급을 합치면 세후 600만원 정도였다. 그러므로 2억5,000만원에 대한 원리금상환 부담은 그리 크지 않다고 생각했다.

차선책으로 20평형대도 권해보았지만……

부담이 덜한 같은 단지에 20평형대의 매수도 권해보았다. 매매가는 4억원 초반~중반대여서 대출금에 대한 부담을 줄일 수 있었기 때문이다.

그런데 무엇보다 복도식이어서 집도 좁고 연식도 오래되어서 싫다고 했다. 나는 3,000만원 정도면 뼈대만 빼고 싹 올수리를 할 수 있다고 말해주었다. 그리고 아무리 복도식 아파트라 해도 20평형대면 신혼부부가 살기에는 좁은 집이 아니라고 말했다. 그럼에도 불구하고 A는 계속해서 거절의 표시로 고개만 옆으로 흔들거렸다.

A는 솔직히 해당 아파트의 연식이 오래되어서 마음에 들지 않는다고 했다. 하지만 지금 전세로 계약하려는 집은 30평형대로 생각했던 것보다 평수도 넓어졌고 내부수리가 최상급으로 잘 되어 있었기 때문에 자신들도 연식에 대한 부분을 어느 정도 포기할 수가 있었다는 것이다. 그런데, 같은 단지 20평형대 복도식 아파트는 아무리 올수리를 한다 해도 자신들의 마음에 들지 않을 것 같다는 것이다. 그것도 전세가 아닌 매수를 해서 살기는 더욱 싫다는 것이다.

그래서 30평형대를 전세로 살면서 대출금도 갚고 돈도 더 열심히 모아서 연식이 덜 된 아파트를 사는 것으로 방향을 잡고 싶다는 것이다.

나는 더 이상 설득을 하지 않았다

경험상 이렇게 뭔가에 꽂힌 사람들에게는 내가 아무리 말을 해도 우이독경으로 끝나는 경우가 많다. 내 입만 아프고 자신들의 결정에 동의를 해주지 않는 상대방을 마치 원수 바라보듯 못마땅하게 생각하는 경우까지 있다. 그러므로 몇 번 권해보고 설득이 되지 않을 땐 포기하는 것이 좋다.

결국 시간이 흐른 뒤, 자신들이 했던 그때의 선택에 대해서 후회를 경험해보아야 한다. 그런데 가끔 "왜! 그때 더 설득을 하지 않았느냐?"라며 오히려 '서운하다' 또는 '섭섭하다'라는 말을 하는 사람들도 있다. 이런 말을 듣게 되면 자연스럽게 나도 그 사람과의 인연의 끈의 굵기가 점점 가늘어져서 언제 끊길지 모르는 사이가 될 수밖에 없다.

하여튼 말을 오래 섞어보았자 서로 힘들어지고 때론 상대방에게 감정 섞인 말까지 듣게 될 수도 있으므로 이쯤에서 나는 더 이상 조언을 하지 않기로 했다. 그리고 이렇게 말했다.

"그래, 너의 생각이 정 그렇다면 그렇게 해야지!"

그제야 나를 바라보는 A의 눈빛이 고와지기 시작했다.

전세가율 높은 아파트에 매물이 사라진 건 상승신호

A의 표정은 굉장히 밝았다. A에게 그 이유를 물어보았더니 불과 2개월 사이에 전세보증금이 3,000만원 이상이 올랐다는 것이다. 그리고 중요한 것은 같은 단지에 전세매물이 하나도 없다는 것이다. 그러면서 자신이 신혼집에 입주하는 날짜를 서둘러 잡고 빠르게 전세계약을 체결한 것이 정말 잘한 것이라는 생각이 들었다는 것이다.

아마도 A의 머릿속에는 임대차 3법에 의한 갱신청구권까지 사용하게 되면 시세보다 저렴한 금액으로 4년을 살 수 있다는 생각이 있는 것 같았다.

A와 달리 나는 씁쓸한 마음이었다. 전세가율이 높은 대단지 아파트에 전세 매물이 하나도 없다는 말은 이미 매매가격도 덩달아 상승을 했거나 아니면 조만간 상승할 여지가 커졌다는 신호이기 때문이다.

A는 어차피 집을 매수할 생각이 없었기 때문에 지난 2개월간의 매매가 상승은 살펴보지 않았던 것 같다. 그저 자신의 주된 관심사였던 전세가격 상승과 매물이 몇 개나 있는지만 확인해보았을 것이다.

해당 아파트의 가격은 지난 2개월 사이에 20평형대는 5,000만원 정도 올랐으며, 30평형대는 5,000만~6,000만원 정도 올라 있었다. 그나마 매물도 거의 없었다. 즉, 가격이 더 올라갈 여지가 크다는 것이다.

인연의 끈 굵기가 점점 가늘어지고 있는 A에게

생각했던 것보다 넓은 집에서 그것도 시세보다 저렴한 금액으로 거주할 수 있게 되었다는 것에 한동안은 만족할 수도 있다. 하지만 이는 한치 앞을 내다보지 못한 단시간 내의 만족으로 끝나버릴 가능성이 높다. 왜냐하면, 근로소득으로 돈을 모으는 속도보다 4년 후의 집값 그리고 전세가는 더 큰 폭으로 상승해 있을 것이기 때문이다.

맞벌이를 하면서 아침부터 늦은 밤까지 열심히 일을 하는 이유는 일에 대한 성취감 또는 자아실현이라는 허울보다는 현실적으로 돈을 더 많이 벌기 위함이다.

초창기 시드머니를 만들기 위해 무작정 물리적으로 일의 양과 시간을 늘리는 것도 중요하다. 하지만 물리적으로 유한한 노동력을 언제까지 계속해서 늘릴 수는 없다. 그러므로 어느 정도 일의 양을 늘렸다면 그다음부터는 효율성도 생각을 해보아야 한다. 자본주의에서 효율성 없이 물리적인 노동력만으로는 경제적인 여유를 만들기란 어려운 일이다. 그저 지금 당장의 의식주 정도만 해결될 뿐이지 미래까지 해결되지는 않기 때문이다. 그리고 중요한 것은 이렇게 살면 몸이 너무 고생스러워진다는 것이다. 지금 당장의 만족감도 중요하지만 이로 인해 미래의 만족감을 간과해서는 안 된다.

집은 절대 돈을 모아서 대출 없이 사는 것이 아니다. 집은 집으로 사는 것이다. 그러므로 어느 정도 시드가 준비되었다면 여기에 대출(레버리지)을 활용해서 자신의 눈높이에 조금은 부족해 보이는 집일지라도 최대한 빨리 사는 것이 좋다. 지금은 부족해 보이는 그 집이 자신이 원하는 눈높이의 집으로 빨리 갈 수 있는 지름길 역할을 해줄 것이기 때문이다.

그리고 중요한 것은 집의 절반은 돈으로 사는 것이며, 나머지 절반은 실천으로 사는 것임을 알았으면 한다.

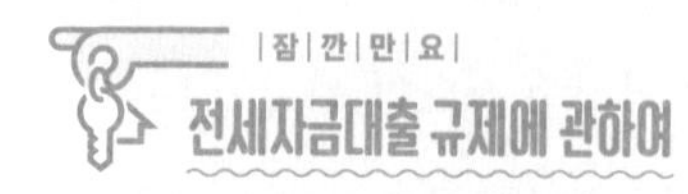

|잠|깐|만|요|

전세자금대출 규제에 관하여

최근 정부에서 전세자금대출에 대한 규제를 강화하려는 정책 기조를 펼치고 있다. 연일 전셋값이 치솟는 가운데 전세대출을 조이게 되면 투자와 무관한 실수요자에게까지 피해를 입힐 수 있다. 하지만 이를 알면서도 정부에서 전세자금대출을 규제하려는 이유는 전세대출이 가계부채 증가세를 이끌고 있다고 판단하고 있기 때문이다. 참고로 전국 5대 시중은행(KB, 우리, 신한, NH, 하나)의 2021년 1~8월까지의 가계대출 증가액(28조 6,610억원)의 절반 이상을 전세대출(14조7,543억원)이 차지하고 있다. 또한, 2021년 9월 5대 시중은행의 통계에 따르면 전세 대출액은 최근 3년간 매년 30%의 증가율을 보이고 있다.

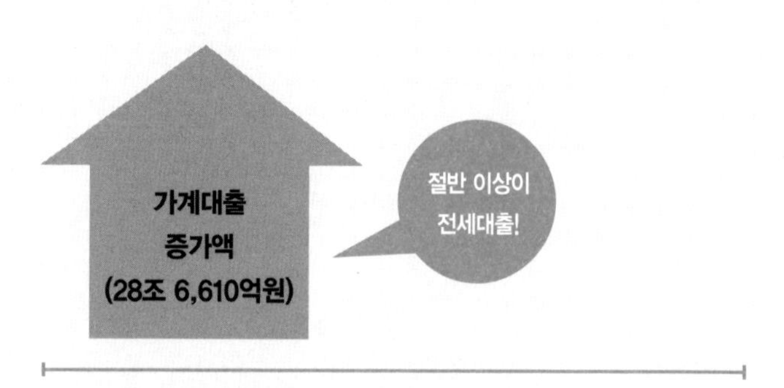

2021년 9월 5대 시중은행 통계

시각차가 저마다 다른 정부와 금융권

그런데 이처럼 전세대출 급증을 바라보는 시각에서 정부와 금융권은 차이를 보인다.

정부는 전셋값 상승 외에도 다른 요인(예를 들어 여유자금이 있음에도 불구하고 전세대출을 받아 주식이나 가상화폐 등에 투자 용도로 사용한다는 것이다.)이 전세대출 증가에 작용하고 있기 때문에 전세대출이 늘었다고 판단하고 있다.
반면 금융권에서는 전세대출 증가를 전셋값 상승에 따른 자연스러운 현상으로 본다. KB국민은행에 따르면 서울 아파트 전셋값은 1년 전보다 17.8% 올라 평균 전셋값은 5억1,011만원에서 6억4,345만원이 되었다. 오른 전셋값을 감당하기 위해 대출을 받을 수밖에 없다는 것이다. 또한 2020년 7월부터 시행된 임대차 3법에 의한 계약갱신청구권 때문에 전세물량이 부족해졌으며, 여기에 정부가 내놓은 3기신도시 사전청약 확대 등 공급 대책으로 인한 청약 대기 수요까지 늘어나며 전세 수요가 더 가중되었기 때문이라고 판단하고 있다.

전세자금대출 규제는 매매가 상승 억제가 목적!

정부에서 전세대출을 규제하려 하는 이유는 표면상으로는 급증하는 가계부채 증가세를 막아서 서민경제의 부실을 막기 위함이라고 한다. 하지만 그 이면에는 전셋값 상승으로 인한 집값 상승을 억제하기 위한 목적이 깔려 있음을 눈치채야 한다.
그러므로 전세만을 고수할 것이 아니라 눈높이를 조금 낮춰서 내 집 장만을 생각해보는 것도 의미가 있다. 즉, 정부에서 대출 규제를 하려는 이유는 대출금의 유동성 축소와 전셋값 상승을 억제해서 결국 매매가 상승을 억제하기 위함임을 알아야 한다.

20평도 30평도 실투자금 3,000만원, 당신의 선택은?

'가격'에 갇혀버리면 엉뚱한 곳에 투자한다

최근 집값이 폭등에 가까운 수준으로 수직상승해서 뭐라도 투자를 해놓지 않으면 '벼락거지'에 합류할 수도 있다는 불안한 마음에 소액투자를 생각하는 이들이 부쩍 늘어났다.

그런데, 소액투자를 생각하고 있는 이들 중 십중팔구는 가격에 대한 고정관념 또는 틀에 갇혀 있는 경우가 많다. 이들은 투자의 본질과 투자 대상물의 가치를 제대로 바라보지 못하고 자신의 적은 시드머니만을 탓하며 투자를 망설이거나, 아니면 엉뚱한 곳에 투자를 한다.

특히 투자경험이 부족한 사람일수록 높은 가격의 부동산에 투자하려면 많은 돈이 있어야 하고, 낮은 가격의 부동산에 투자하려면 적은 돈만 있으면 된다고 생각한다. 이 말은 투자와 거주를 합쳐서 이야기할 때에는 어느 정도 맞는 말이다.

그러나 거주를 분리해서 빼내고 100% 투자의 목적으로 접근했을 때에는 틀린 말이 될 수도 있다. 왜냐하면 투자에는 '전세'라는 아주 훌륭한 레버리지를 무이자로 활용할 수가 있기 때문이다.

예를 들어, 투자금이 1억원 미만 정도 있을 때 상당수의 사람들은 매매가 3억원 이내의 부동산만을 투자의 대상으로 정하고 집중적으로 알아보는 경향이 있다. 이때 3억원이 넘어가는 부동산은 일

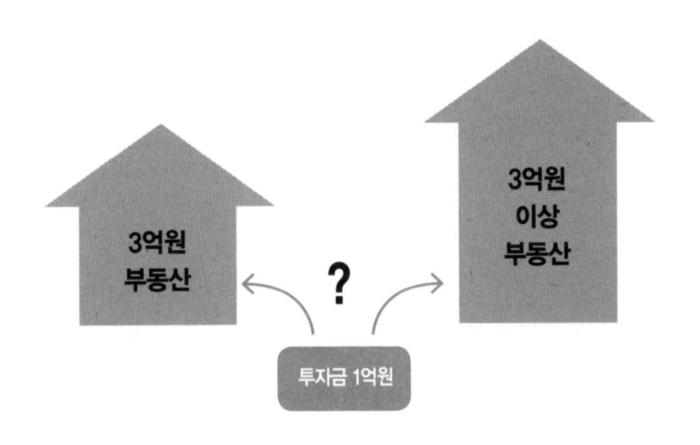

단 가격이 부담스럽고 현재 자신의 투자금으로는 감당할 수 없다며 다음에 시드머니를 더 키운 후에 접근을 해야 한다며 '나중에'라는 말로 알아보는 것조차 하지 않는다. 그러면서 투자 물건에 대한 종류와 선택의 폭을 스스로 좁혀가는 경향이 있다.

투자할 때는 매매가보다 실투자금이 중요

투자 대상물을 정할 때 전체 매매가는 크게 중요하지 않다. 이보다는 실제 투자금이 얼마가 들어가는지가 더욱 중요하다. 생각했던 가격대보다 매매가가 높다고 해서 미리 겁을 먹거나 자신의 분수에 맞지 않는다며 투자를 포기해서는 안 된다. 5년 전에 나의 경험을 예로 들어보겠다.

우리 부부는 맞벌이 근로소득으로 매년 4,000만원 정도를 모을 수 있었다. 그 돈으로 수도권에 위치한 역세권 소형아파트에 집중적으로 투자를 했었다.

그 당시 A단지에 20평형대(1995년식) 아파트의 매매가는 2억4,000만원이었고 전세가는 2억1,000만원이었다. 그런데 바로 옆에 위치한 B단지에 30평형대(2008년식) 아파트의 매매가는 3억8,000만원이었고 전세가는 3억5,000만원이었다.

부수적인 비용에서 약간의 차이는 있겠지만 갭 차이만 놓고 본다면 두 아파트 모두 3,000만원으로 투자가 가능했다. 만약 지금 이 글을 읽고 있는 당신에게 A와 B 중에서 선택하라고 한다면 무엇을 선택하겠는가?

나에게 5년 전으로 다시 돌아가서 두 아파트 중에서 하나를 선택을 하라고 한다면 1초의 망설임도 없이 B아파트를 선택할 것이다.

그런데 그 당시 나의 선택은 A아파트였다. 내가 A아파트를 선택한 이유는 B아파트에 비해 매매가와 전세가가 저렴했기 때문이다. 즉 3,000만원을 투자하면서 매매가 3억8,000만원짜리 아파트는 부담이 크다고 생각했다.

그때에는 공격적인 투자보다는 수비형으로 새가슴 투자를 하고 있었기 때문에 혹시라도 역전세가 발생해서 전세가격이 떨어진다면 돈이 묶일 수도 있겠다고 생각했다. 그래서 부담이 덜한 A아파트를 선택했던 것이다.

이때만 하더라도 나는 '돈이 적으니까 당연히 투자대상물의 가격도 낮아야 한다!'라는 금액에 대한 선입견이 있었다. 다행히도 나는 이러한 선입견과 부담에서 금방 벗어날 수가 있었다. 그래서 그다음 해에 더 비싼 가격으로 B아파트를 추가 매수했다. 매매가가 올랐지만 이와 비례해서 전세가도 올라가 있던 상황이어서 실제 투자금액은 직전년도와 크게 차이가 나지는 않았다.

조금 설명이 길었는데, 2021년 8월 기준으로 A아파트와 B아파트의 매매가와 전세가를 살펴보면 내가 무슨 말을 하려고 하는지 그 의도를 쉽게 파악할 수 있다.

A아파트 → 매매가 4억8,000만원, 전세가 3억5,000만원
B아파트 → 매매가 7억5,000만원, 전세가 5억2,000만원

6년 전 3,000만원이라는 같은 금액으로 투자가 가능했던 아파트들이지만 A아파트와 B아파트의 현재 수익률은 상당한 차이를 보이고 있음을 알 수 있다. 그러므로 투자의 대상물을 정할 땐 매매가가 높을수록 많은 투자금이 필요할 것이라는 막연한 선입견과 부담을 버리고 실제로 필요한 투자금액이 얼마인지에 더욱 초점을 맞춰 선택하기를 바란다.

파이가 커야 이익도 그만큼 커진다

규모가 커질수록 리스크도 커지는 것은 당연하다. 하지만 관리할 수 없는 '위험'이 아니라 관리할 수 있는 '리스크'라면 이로 인해

얻을 수 있는 이익도 커진다.

그러므로 재테크에서 자산을 빠르게 늘리기 위해서는 어느 정도 리스크를 감수하고서라도 판을 키워야 한다. 물론 리스크를 관리할 수 있는 기본적인 능력을 갖추기 위해 끊임없이 경험을 쌓고 공부를 게을리하지 않아야 한다.

자본주의는 '규모의 경제'를 지향한다. 처음에 단단한 스노우볼을 크게 만들수록, 굴리면 굴릴수록 눈덩이는 빠른 속도로 점점 커진다.

다시 한 번 강조하지만 투자 대상물을 정할 때, 가격이 높다고 해서 지레 겁먹기보다는 실제 투자금이 얼마인지를 잘 따져보기를 바란다. 그리고 자신이 감당할 수 있는 범위 내에서 약간 무리를 해서 투자를 하는 것이 좋다. 특히, 근로소득이 뒷받침되는 30~40대라면 더욱 공격적으로 투자를 하는 것이 좋다. 그것이 결국 더 많이 남는 투자가 될 확률이 높기 때문이다.

투자는 '가격'에 베팅을 하는 것이 아니라 '가치'에 베팅을 해야 수익이 커진다는 것을 반드시 기억하기를 바란다.

잘 살던 아파트를 고점에 팔고 저점에 되산다고요?

자동차와 집은 언제나 욕망의 대상

자동차와 집의 공통점이 있다. 일반적으로 자동차는 소모품에 속하기 때문에 짧게는 3~5년, 길게는 10년에 한 번 꼴로 바꾸는 경우가 많다.

그런데 새로운 차는 기존의 타던 것보다 더 큰 차로 바꾸려는 경향이 강하다. 왜냐하면 몸과 마음이 기존의 차 크기에 익숙해져 있기 때문에 보다 작은 차를 타게 되면 굉장히 불편하게 느껴지기 때문이다. 그래서 새로 차를 바꿀 때 무리를 해서라도 차의 크기와 옵션의 등급을 상향하는 경우가 많다.

집도 마찬가지다. 일반적으로 이사를 고려할 때 기존에 살던 집보다 넓혀서 이사를 계획하게 된다.

'집을 넓혀서 이사를 간다!'의 진정한 의미

우리가 집을 옮길 때 '집을 넓혀서 간다'라는 말을 자주 사용한다. 이 말 속에는 아래와 같이 세 가지의 의미가 내포되어 있다.

첫 번째, '물리적 변화'

외형적으로 눈에 보이는 변화가 여기에 속한다.

예를 들어 집의 크기(평수)를 넓혀가는 것이다. 20평형대에서 30평형대로 옮겨가는 경우다. 또한 단순히 공간의 크기뿐만 아니라 주택의 연식의 상향도 여기에 포함될 수 있다. 오래된 구축에서 신축(급)으로 옮기는 것도 대표적인 물리적 변화라고 할 수 있다.

두 번째, '권리적 변화'

눈에 보이지 않는 내형적인 권리의 변화가 여기에 속한다.

예를 들어 전세 또는 월세로 살다가 집을 매수해서 자가로 이사를 가는 경우다. 즉, 소유권을 취득한 것이다. 물론 월세로 살다가 전세로 옮기는 경우에도 권리적인 변화에 속한다고 볼 수 있다.

세 번째, '급지의 변화'

현재 살고 있는 동네보다 더 좋은 동네로 이사를 가는 경우다. 즉 '상급지로의 이동'을 의미한다.

상급지가 되기 위해서는 여러 가지 조건들이 있겠지만 대표적으로 교통, 학군, 인프라(편의시설)를 얼마나 잘 갖춘 지역이냐에 따라 급지에 영향을 미치게 된다. 상급지에 해당할수록 위에 나열한 조건들을 최대한 많이 충족할 것이며, 반대로 하급지로 갈수록 해당 예시에 속하는 것이 부족하거나 점점 없어지는 동네일 것이다.

주택의 종류의 상향도 여기에 포함될 수 있다. 예를 들어 빌라(다세대)에서 아파트로 옮겨가는 것도 넓은 의미에서 급지의 변화에 포함되는 개념이다. 단, 빌라에서 자가로 살다가 아파트 전세로 옮기는 것은 여기에 포함된다고 볼 수는 없다.

모든 것을 만족시키며 이사갈 돈이 없다면?

'넓혀서 이사를 간다'에서 최상의 이사는 세 가지(물리적 변화, 권리적 변화, 급지의 변화)를 모두 충족해서 옮겨가는 것이다.

그런데 문제는 돈이다. 한정된 자금으로 자신에게 조금이라도 유리한 것을 선택해야 하기 때문이다. 그러므로 앞의 세 가지를 모두 충족시킬 수 없다면 아래와 같은 우선순위를 정해서 순차적으로 넓혀 가기를 바란다.

이사 우선순위 1 | 권리적 업그레이드

현재 무주택자이면서 월세로 살고 있다면 전세로 이동하기 위해 노력을 해야 한다. 그리고 전세로 살고 있다면 객관적으로 자신의 경제력을 판단해보고 눈높이를 낮춰서 능력에 맞는 집을 최대한 빨리 사는 것이 중요하다.

따라서 100% 마음에 드는 집을 한 번에 사겠다는 욕심을 버리고 조금은 부족해 보일지라도 자신의 능력으로 감당할 수 있는 범위 안에 있다면 일단 그 집을 먼저 사는 것이 좋다. 그것이 자신이 원하는 집을 가장 빨리 살 수 있도록 디딤돌 역할을 해줄 것이기 때문이다. 눈높이는 첫 집을 장만한 후에 순차적으로 조금씩 높여가도 결코 늦지 않다.

그러므로 현재 전세 또는 월세로 살고 있는 사람이라면 외형적인 변화를 꿈꾸기보다는 내형적인 변화를 최우선적으로 꿈꾸길 바란다.

이사 우선순위 2 | 급지 업그레이드

내 집 장만에 성공을 했다면 선불리 평수를 늘리거나 신축급으로 연식을 낮추기 위해 노력하기보다는 급지를 상향하기 위한 노력을 선행해야 한다.

부동산은 '부동성'이라는 대표적인 특징을 갖고 있다. 즉, 한번 위치가 정해지면 절대 옮길 수가 없다. 지방의 대단지 신축아파트를 볼 때면 '이 아파트가 서울 한복판에 위치해 있다면 정말 좋을 텐데……'라는 생각을 할 때가 종종 있다. 아파트의 외형적인 품질은 최상인데 위치가 최상이 아니기 때문에 아쉬움으로 남게 된다.

결국 시간이 지날수록 해당 아파트의 가치는 외형적인 품질에 의해서 결정되기보다는 위치의 영향을 크게 받아 결정된다. 그러므로 결국 시간이 갈수록 '가치'를 이야기할 때 급지(입지)가 차지하는 비중은 점점 커질 수밖에 없다.

이사 우선순위 3 | 물리적 업그레이드

집의 크기(평수)와 연식은 일단 내 집 장만을 하고 나서 어느 정도 안정(여유)이 되었을 때 생각해도 늦지 않다.

이는 자동차로 비유하자면 튜닝과도 같다. 중요한 것은 튜닝을 하기 위해서는 우선 본인 소유의 자동차가 있어야 한다. 집도 마찬가지다. 일단 좋은 위치에 내 집부터 장만을 해놓고 크기와 연식을 논했으면 한다.

'튜닝의 끝은 결국 순정이다!'라는 말이 있는 것처럼 외형이 중요한 것이 아니라 결국 본질의 가치가 중요함을 알아야 한다.

소유와 입지는 쉽게 바꿀 수 없지만 외형적인 변화는 상대적으로 쉽게 바꿀 수가 있다. 그러므로 일단 '내 집 장만'이 가장 먼저 선행되어야 한다. 그러고 나서 본격적으로 급지 상향을 위한 노력을 꾸준하게 해야 한다. 물리적인 크기를 넓혀가는 것은 가장 마지막에 해야 한다. 그러니 제발 순서를 역행해서 외형적인 변화를 우선시하지 않았으면 한다. 지금 가장 중요한 것은 외형이 아니라 본질이라는 것을 분명하게 알았으면 한다.

최악의 선택을 피하려면?

자가로 살다가 급지가 비슷한 지역에 전세로 이사 가는 것이 아마도 가장 최악의 선택이라 할 수 있다.

최근에 집값이 많이 상승해서 향후에 하락할 수도 있겠다는 조바심에 살던 집을 팔고 전세로 옮기는 경우가 종종 있다. 즉, 전세로 몇 년간 살면서 집값의 등락추이를 지켜보면서 새로운 주택의 취득시기를 저울질하는 것이 경제적으로 이득이 될 수도 있겠다는 판단에서 이러한 결정을 내렸을 것이다.

물론, 예상했던 것처럼 전세로 살고 있는 기간 동안 집값이 하락하게 되면 최상의 선택이 될 것이다. 그런데 문제는 막상 예상했던 것처럼 집값이 조금이라도 떨어지게 되면 앞으로 더 떨어질지도 모른다는 불안심리 때문에 집 사는 것을 더 뒤로 미루면서 관망하게 된다.

그런데 이와는 반대로 집값이 오히려 상승하게 되면 이에 따르는 경제적 손실감은 매우 크게 느껴질 것이다. 또한, 자신이 팔았던 집과 비슷하거나 아니면 더 못한 집을 사기 위해서 더 많은 돈을 지불하는 불편한 가격을 접하게 되면 집 사는 것을 쉽게 결정하지 못하게 될 가능성이 높아진다.

이렇게 무주택자의 길로 들어서게 되며 자본소득과는 점점 멀어지게 된다. 그러므로 1주택자이면서 소유하고 있던 집을 팔았다면 특별한 경우가 아닌 이상 바로 다른 집을 취득하는 것이 좋다.

1주택은 투자의 개념보다는 주거의 안정에 더욱 비중을 두어야 한다. 그러므로 특히 무주택자 또는 1주택자들은 하락에 베팅하는 우를 범하지 않기를 바란다.

'1주택은 선택이 아니라 필수이다!'

22

우리 집만 안 올랐어요!

주변 집값은 몇억씩 올랐는데 유독 자신의 집만 오르지 않았다며 푸념 섞인 하소연을 하는 사람들이 의외로 많다. 6개월 전쯤, 이와 같은 고민으로 상담을 요청해온 A가 있었다.

옆 단지보다 2억원 싼 우리 집, 갈아타야 하나요?

A는 경기도에 위치한 1999년식 H아파트에 자가로 살고 있었다.

2021년 2월 기준으로 30평형대의 매매가가 4억8,000만원 정도였다. 그런데 바로 옆 단지인 L아파트는 2009년식으로 30평형대의 매매가가 7억원이었다.

H아파트와 L아파트는 그동안 1억원 정도의 가격 차이를 보이며 시세가 형성되어 왔다. 그런데 최근 들어 L아파트의 가격이 급상승을 하면서 2억원 이상의 가격 차이가 벌어진 것이다. A는 가격이 정체해 있는 H아파트에 비해 상대적으로 L아파트의 상승폭이 컸기 때문에 혹시라도 가격 차이가 앞으로 더 벌어질지도 모른다는 생각이 들기 시작했다.

그래서 자신이 살고 있는 H아파트를 팔고 대출을 받아서 L아파트로 옮기는 것을 계획하고 집을 알아보던 중 급매로 중간층에 6억7,000만원에 나온 매물이 있었다. 마음은 어느 정도 L아파트 쪽으로 기울었는데, 금액적인 부담이 커서 고민이었다.

과연 무리를 해서라도 현시점에서 L아파트로 갈아타는 것이 옳은 선택인지에 대한 조언을 듣고 싶다며 상담을 요청해왔다.

부동산 상승장의 특징

부동산시장이 상승장으로 접어들었을 때 일반적으로 부동산의 가격은 다음과 같은 두 가지 특징을 보이며 상승해나간다.

첫 번째, 모든 부동산의 가격이 동시에 상승하지 않는다

아무리 가까운 거리에 위치해 있는 부동산이라 하더라도 가격이 동시에 상승하지는 않는다. 특히나 지역적인 개발호재가 없는 경우에는 더욱 그렇다. 해당 지역의 대장아파트의 가격이 가장 먼저 치고 올라간다. 그러고 나서야 2등, 3등 아파트의 가격이 시간차를 두고 키맞추기를 하듯 천천히 따라서 상승하는 경우가 일반적이다.

그러므로 특별히 문제가 없는 상태에서 주변 아파트의 가격이 크게 상승했는데 아직까지 자신의 아파트만 상승하지 못했다면 조만간 가격상승에 대한 기대감을 갖는 것도 괜찮다. 즉, 가격상승의 순서가 점점 다가오고 있다는 신호로 생각해도 무리는 아니다.

이때는 A처럼 H아파트를 소유하고 있는 사람이라면 마음의 여유를 갖고 관망하는 것이 좋으며, 무주택자라면 L아파트와의 가격차이가 예전에 비해 많이 벌어진 현시점에 H아파트를 매수하는 것이 좋다.

두 번째, 집값은 계단식으로 상승하지 않는다

예를 들어 5년 동안 집값이 1억원이 올랐다고 하면 사람들은 단순하게 평균적으로 1년에 2,000만원씩 올랐다고 생각하는 경우가 많다. 하지만 집값은 결코 일정한 높이의 계단처럼 단계적으로 상승하지 않고 사다리처럼 갑자기 올라갈 수도 있고 반대로 내려갈 수도 있다.

그러므로 매년 2,000만원씩 꾸준하게 상승하는 경우보다는 한동안 전혀 오르지 않거나 아니면 소폭의 등락을 반복해오다가 5년째 되는 해에 한 번에 1억원이 올라가는 경우도 많다. 매년 2,000만원씩 평균적으로 상승하는 게 아니라 큰 상승장의 흐름을 타고 한 번에 1억원이 올라가는 것이다.

그러다 보니 타이밍을 잘못 포착하게 되면 4년 동안 가격상승의 재미는 고사하고 소폭 하락까지 경험한 집을 5년째 되는 해에 누군가가 사겠다고 하면 뒤도 돌아보지 않고 지긋지긋한 마음에 냉큼 매도해버리는 경우가 생기게 된다.

이럴 경우 매도를 하고 나서 얼마 지나지 않아 후회를 하는 경우가 많다. 왜냐하면 정체기를 지나 상승장으로 접어들었다는 것을 전혀 눈치채지 못했기 때문이다. 계약금을 받고 잔금을 치르기 전에 큰 폭으로 가격상승이 되는 경우가 종종 발생한다.

참고로, 전세로 살고 있는 아파트를 어느 날 갑자기 집주인이 "시세보다 싸게 줄 테니 살 생각 없나요?"라고 물어볼 때가 있다. 그럼 이 말을 그냥 흘려들을 것이 아니라 어쩌면 가격상승의 해가 뜨기 직전일 수도 있다는 생각을 해보아야 한다.

집주인이 시세보다 싸게라도 팔고 싶다고 할 때에는 여러 가지 이유가 있겠지만 거의 대부분 다주택으로 인한 세금 문제 아니면 한동안 해당 아파트의 가격상승이 거의 없었기 때문일 것이다. 그러므로 집주인 입장에서는 별다른 경제적 이득이 없는 상태에서 계속해서 전세를 놓기보다는 약간 손해를 보더라도 팔고 싶어졌을 가능성이 높다.

이 말은 가격상승이 한동안 없었다는 말과 같다. 그러므로 이런 말을 들었을 때 집주인이 집을 팔고 싶어 하는 이유를 잘 파악해보아야 한다. 어쩌면 이때가 해당 아파트를 사야 하는 절호의 타이밍이 될 수도 있다.

결국, 부동산가격은 키맞추기를 한다

특별한 호재가 없는 한 H아파트는 L아파트의 가격을 뛰어넘을 수는 없다. 하지만 키맞추기는 시작될 것이다.

H아파트와 L아파트에 대해서 분석을 해보았다. 연식에서만 10년 차이가 있을 뿐 입지(인프라), 단지규모, 학군, 교통 등에서는 별다른 차이가 없었고 두 단지 모두 개별적인 호재는 없는 상황이었

다. 최근 L아파트의 가격이 크게 올라간 것은 해당 단지만의 특별한 호재가 발생해서 상승한 것이 아니라 시장 분위기가 상승장이어서 자연스럽게 올라간 것뿐이다. 그러므로 경험상 L아파트의 가격상승이 어느 정도 마무리가 되면 분명 H아파트의 상승도 시작될 것이다. 그런데 그 상승의 시작이 바로 이어질 수도 있고 약간의 시간차를 두고 시작이 될 수도 있기 때문에 무엇보다 조급함을 버리고 기다릴 줄 아는 마음의 여유가 필요한 시점인 것이다.

물론 H아파트도 현재 상황에서는 개별적인 호재가 없기 때문에 그 상승폭은 전과 동일하게 L아파트와 1억원 정도의 차이에 근접할 때까지 상승할 가능성이 높다.

조급한 마음에 섣불리 갈아타지 말 것

주변에 다른 아파트들은 다 올랐는데 자신의 아파트만 가격이 오르지 않는다며 그 순간을 참지 못하고 A처럼 조급한 마음에 이미 가격이 올라버린 아파트로 섣불리 갈아타서는 안 된다. 이렇게 되면 금전적인 손해뿐만 아니라 심적으로 큰 고통을 겪게 될 가능성이 생긴다.

이렇듯 타이밍에서 엇박자를 내기 시작하게 되면 투자를 하면

할수록 부동산 때문에 어려움을 겪게 되며 "이제 부동산으로 돈 버는 시절은 끝났어!"라는 말을 자신도 모르게 무심코 내뱉게 될 것이다. 그런데 중요한 것은 다른 사람들은 과거에도, 현재에도 그리고 미래에도 부동산으로 돈을 벌고 있을 것이라는 사실이다.

이러한 이유 때문에 나는 A가 대출을 받아서 L아파트로 이사를 가는 것에 대해 반대를 했었다. 그래도 고집을 꺾지 않고 계속해서 옮기고 싶다면 조금 더 기다렸다가 내년쯤 옮길 것을 권했다. 내 생각에는 빠르면 올해 여름, 늦어도 하반기쯤에는 H아파트의 키맞추기 상승이 시작될 것 같아 보였기 때문이다.

A의 선택

A는 나의 조언에 어느 정도 수긍하는 모습을 보였다. 그래서 다시 한 번 깊게 생각해보겠다면 상담을 마치고 돌아갔다. 그런데 그러고 나서 2주 후쯤에 참으로 안타까운 소식을 전해 듣게 되었다.

갈아타는 것에 대한 생각을 어느 정도 접고 있었는데, 어느 날 갑자기 부동산에서 전화가 와서 A의 H아파트를 5억2,000만원에 팔아주겠다며 매도의사를 물어왔다는 것이다. 분명 시세가 5억원 정도로 알고 있었는데 2,000만원을 더 받아주겠다고 하니 A는 마음이 강하게 흔들렸다. 그리고 뭔가에 홀린 듯 덥석 그 제안을 받아들였다. 생각해보면 그때가 H아파트의 키맞추기 상승이 시작된 시점이었을 것이다. 안타깝게도 A는 전혀 눈치 채지 못한 것이다. 결국 A의 최초 생각처럼 대출을 받아서 급매로 6억7,000만원에 나와 있던 L아파트를 매수를 하고 이사를 하게 되었다.

A의 입장에서는 H아파트를 시세보다 2,000만원 비싸게 매도했고 L아파트를 시세보다 3,000만원 싸게 매수했으므로 더 늦기 전에 갈아타기를 나름 잘했다고 생각했을 것이다.

나는 이와는 정반대의 생각이었다. 조금만 생각해보면 6억7,000만원에 나와 있던 L아파트는 더 이상 급매물이 아닐 수도 있었기 때문이다. 즉, 그 당시 L아파트는 7억원을 정점으로 찍고 가격상승이 주춤해 있던 상황이었을 것이다. 만약 상승세가 이어지고 있던 상황이었다면 6억7,000만원에 나와 있던 매물은 다른 누군가가 진작에 매수를 해갔어야 했다.

참으로 안타까운 것은 A는 H아파트의 상승이 시작된 것도 몰랐고 L아파트의 가격상승이 둔화된 것도 역시 모르고 갈아타기를 했다는 것이다. 엇박자 한 번의 대가가 얼마나 큰지 잠시 후에 알려주겠다.

두 아파트의 현재 시세를 확인해보았다

불현듯 6개월 전 A가 생각이 났다. 그래서 A가 살았던 H아파트와 이사를 간 L아파트의 시세를 확인해보았다.

2021년 8월 기준 H아파트 6억2,000만~6억5,000만원, L아파트 7억~7억5,000만원이었다. 결국 A는 자신의 불안한 마음 때문에 1억원 정도의 경제적 손실을 보았다. 무엇보다 바로 옆 단지로 이사를 했기 때문에 빠르게 H아파트의 최근 가격상승과 신고가 소식을 계속해서 전해 듣고 있을 것이다. 경제적 손실도 크게 아프지만 시시각각 H아파트의 가격상승 소식을 접할 때의 심적 고통은 더욱 클 것이다.

동일한 입지와 규모의 단지라면 어느 한 단지만 가격이 독불장군처럼 상승하지는 않는다는 것을 알아야 한다. 시간차가 있을지는 몰라도 기존의 일정한 가격 차이를 유지하면서 따라서 상승하게 된다. 다소 시간이 걸릴 수는 있겠지만 결국은 차이를 메우려는 가격의 탄력성 때문에 키맞추기 상승이 시작된다는 것이다. 그러므로 부동산은 타이밍이 굉장히 중요하다.

이렇게 키맞추기는 동일한 지역에서뿐만 아니라 전국적으로도 어느 정도 해당된다. 상승장이라 하더라도 전국의 모든 집값이 동시에 상승하는 것이 아니며 반대로 하락장이라 하더라도 전국의 모든 집값이 동시에 하락하는 것은 아니다. 지역마다 또 물건마다 시간차가 있고 온도차가 있다는 점을 알고 있어야 한다.

내가 살고 있는 집의 가격이 주변의 다른 집에 비해 가격이 오르지 않았다고 불평만 할 것이 아니라 현재 내 집은 어느 타이밍에 있는지를 살펴볼 줄 알아야 한다. 그리고 엇박자를 내지 않는 것이 중요하다. 한 발 물러서서 관망하는 자세로 타이밍을 잘 살펴보기를 바란다. '내 집만 오르지 않는다!'라고 푸념하기보다는 '조만간 내 집도 오르겠구나!'라는 긍정적인 마인드가 필요하다.

꽃을 활짝 피우기 위해서는 꾸준한 물주기와 관리도 필요하지만 물리적인 시간도 반드시 필요하다. 조급함을 버리고 때를 기다리길 바란다.

마흔 이후, 2배속 자산 키우기

셋째 마당

60억 부자 할머니는 왜 생활비가 모자랄까? (feat. 연령대별 부동산 투자 로드맵)

우리 동네에는 '억대 땅거지' 할머니가 살고 있다

오랫동안 부동산중개업을 하다 보니 재산이 많음에도 불구하고 연령대에 맞지 않는 부동산을 보유하고 있어 경제적으로 어려움을 겪는 사람들을 어렵지 않게 보게 된다.

내가 운영하는 사무실 인근에 40년 전부터 같은 자리에서 정육점을 운영하고 있는 70대 후반의 할머니가 있다. 그 할머니는 목돈이 생길 때마다 언젠가는 개발이 될 것이라는 확신을 갖고 경기도 외곽지역에 조금씩 땅을 사 모았다고 한다. 그렇게 40년 동안 모은 토지는 현재 60억원대가 넘는다고 한다. 여기까지만 들으면 참 부러운 재력의 보유자다.

그런데, 할머니에게는 경제적으로 커다란 문제가 있었다. 바로 예전에 장사가 잘될 때에는 크게 상관이 없었지만 대형마트가 하나둘 생기면서 동네 정육점에서 고기를 사 먹는 사람이 거의 없다는 것이다. 그래서 지금은 개점휴업 상태의 정육점이 되었다. 정육점 할머니는 우리 사무실에 오셔서 하소연을 할 때가 종종 있다. 생활비가 부족해서 아파도 웬만하면 병원에 가는 것이 망설여지게 된다고 말이다.

땅을 팔면 될 텐데, 땅에 대한 애착이 무척이나 강해 본인 살아생전에는 한 평도 팔 생각이 없다고 한다. 이렇게 되면 결국 고생은 본인만 하게 되고 경제적 부는 자식에게 돌아가게 된다.

악담같이 들리겠지만, 더 큰 문제는 이렇게 부를 물려받은 자식일수록 그 부를 지켜내지 못한다는 것이다. 본인이 벌어보지 못한 큰돈은 감당할 능력을 갖추지 못한 경우가 대부분이다.

이런 경우를 볼 때마다 재산을 많이 갖고 있는 것도 중요하지만 이보다 더욱 중요한 것은 연령대에 맞는 부동산을 소유하는 것이라는 생각이 든다.

부동산도 나이에 맞게 보유해야 한다

연령대별로 투자할 부동산은 따로 있다. 종종 '시세차익형부동산'이 좋은지 아니면 '수익형부동산'이 좋은지에 대해서 묻는 이들이 제법 있는데 나는 묻는 사람의 연령대에 따라 답을 달리해서 말을 해준다. 왜냐하면 앞의 정육점 할머니와 같은 경우를 보면서 나이에 맞는 부동산을 소유하는 것이 얼마나 중요한 것인지를 깨닫게 되었기 때문이다.

연령대를 나누어서 그에 걸맞는 부동산을 구입해야 한다. 그래야 보유하는 자신도 편하고, 부동산도 자신을 떠나지 않는다. 옷만 나이에 맞게 입어야 하는 것이 아니라 부동산도 나이에 맞게 보유해야 한다. 서로에게 편하고 도움을 줄 수 있는 사이가 되어야 쉽게 헤어지지 않고 오래도록 이득을 가져다주면서 짐이 되지 않을 수 있기 때문이다.

나는 아래와 같이 연령대를 나누어서 다른 답을 해준다.

1 | 20~30대 초반 – 시드머니 마련과 부동산 공부 집중

부동산을 소유하기에는 금전적으로도 부족하고 마음적으로도 미숙하다. 부동산을 소유한다는 것은 단순히 돈을 주고 사는 그 이상의 의미가 담겨 있다. 자신과 함께 시간을 보내면서 자식을 품듯 무한 애정과 관심으로 키울 수 있는 마음의 준비가 되어 있어야 한다. 그러기 위해서는 연륜과 지식이 필요하다. 특히 서른 살 이전이라면 너무 조급하게 생각하지 말고, 일단은 시드머니를 만드는 것과 부동산에 대한 공부에 최대한 집중하기를 바란다.

시드머니를 만들 때에는 빠른 시간 내에 많이 만드는 것이 중요하다. 금수저가 아닌 이상 근로소득을 위해 열심과 근면성실을 발휘해야 한다. 자신이 모을 수 있는 최대의 시드머니를 만들기 위해 전력을 다해야 한다. 부동산에 대한 공부도 마찬가지다. 많은 관심을 갖고, 집중을 해서 열심히 해보자. 그럼 길이 보일 것이다.

2 | 30대 중반 이후 – 내 집 마련

본격적인 투자가 시작되어야 한다. 이때 중요한 것은 투자금이다. 여기서 말하는 투자금이란 자신이 모아놓은 '시드머니' + '만든 돈'이 되어야 한다. 이때부터가 회계학적으로 자산의 개념이 본격적으로 필요한 시기이기도 하다.

투자란 자신의 돈만으로 하는 것이 아니다. 적절한 금융상품(대출)을 활용할 줄도 알아야 한다. 대출을 빨리 갚기 위해서 노력하기보다는 대출을 활용하여 최대한 많은 투자금을 확보하는 것에 더 노력해야 한다.

이때 대출도 자산에 포함된다는 지극히 기본적인 개념을 이해하지 못하고 근로소득만으로 알뜰살뜰하게 투자를 하겠다는 생각은 자신의 노동 강도만 높일 뿐, 경제적으로 절대 도움을 주지 못한다.

부동산투자에서 가장 기본이 되면서 반드시 필요한 투자는 내 집 마련이다. 집의 평수, 위치, 가격도 중요하지만 가장 중요한 것은 마흔이 되기 전에 반드시 내 집을 장만해야 한다는 것이다.

내 명의로 된 집이 '있고', '없고'의 차이는 굉장히 크다. 마흔이 되기 전에 이 차이를 느껴보기를 바란다. 내 집을 장만함으로 인해 그동안 막연하게만 생각해왔던 재테크의 개념이 새롭게 현실적으로 와닿을 것이다. 비록 완벽하지 않고, 약간은 부족해 보일 수도 있는 '첫 집'이지만 분명 커다란 경제적 발판 역할을 해줄 것이다.

3 | 40~50대 초반 - 시세차익형부동산 공격적 투자

자산을 공격적으로 늘려야 할 때다. 즉, 자신이 가용할 수 있는 최대치의 레버리지를 활용해서 '시세차익형부동산'에 중점을 두고 자산을 늘려가야 한다. 이때는 약간 무리를 해도 된다. 아직 근로소득으로 수익을 창출할 수 있기 때문에 감당할 수 있는 범위 내라면 최대한 무리를 하는 것이 좋다. 간혹 공격적인 재테크를 조언하면 '세금이 부담스러워서', '이자가 부담스러워서' 그냥 1주택 비과세 혜택에 만족하며 안주하려는 이들이 의외로 많다. 이 시점에 무리를 하지 않으면 경제적으로 크게 윤택해질 수 없음을 반드시 기억하고 있어야 한다. 공격적인 재테크로 인해 30~40년의 노후가 달라진다는 것을 알아야 한다.

4 | 50대 중반 이후 – 수익형부동산 비중 높이기

이때부터는 자산을 늘리기보다는 지키고 굳히기에 힘을 써야 한다. 이전까지 시세차익형부동산으로 자산을 늘렸다면 이를 안정화시킬 때가 된 것이다.

시세차익형부동산을 일부 정리해서 '수익형부동산'으로 비중을 옮겨놓는 작업을 시작해야 한다. 시세차익형과 수익형의 비율은 4대 6 정도가 좋다. 그리고 나이가 들수록 수익형이 차지하는 비율을 이보다 더 높여도 좋다.

인생 100세 시대인데, 노동력으로 소득을 올릴 수 있는 근로의 시간은 점점 줄어들고 있다. 그러므로 이때부터는 수익형부동산을 통해서 자신의 근로소득을 넘어설 수 있는 크로스를 준비해야 한다. 그래야 노후에 주변 사람들에게 경제적으로 아쉬운 소리를 하지 않을 수 있다. 그리고 아플 때 마음 편하게 병원에도 갈 수 있게 된다. 은퇴 후에는 수익형부동산에서 나오는 월세로 근로소득을 대신하면서 살면 된다.

간혹 목돈이 필요할 때면 남아 있는 시세차익형부동산을 담보로 대출을 받거나 처분을 하면 된다. 재산을 자식에게 물려줄 때에도 '수익형부동산'은 죽을 때까지 절대 물려주면 안 된다. 살아생전 물려줄 때에는 시세차익형부동산만 물려주어야 한다. 수익형부동산은 자식이 하지 못할 수도 있는 경제적인 효도를 대신해주는 제2의 자식과도 같은 존재이기 때문이다.

부동산이란, 단순히 모으고 움켜쥐고 있기만 하면 되는 대상이 아니다. 자신의 연령대에 맞는 부동산을 보유하면서 경제적으로 활용할 수 있어야 의미가 있는 것이다.

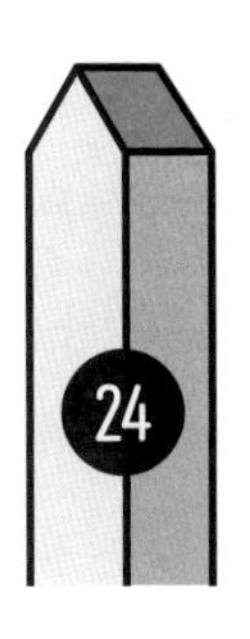

최근 급속히 자산이 증가한 사람들의 공통점

나의 자산이 얼마인지를 궁금해하는 이들이 많다

주변 부동산사장님들의 경우 대부분 30대 이전까지는 다른 일을 하다가 40대 이후에 중개업에 입문을 하는 경우가 많다. 그런데 나의 경우에는 26살이던 2004년도에 15회공인중개사 시험을 보고 나서 바로 중개업에 입문을 했기 때문에 나이에 비해 경력이 많이 쌓인 공인중개사가 되었다.

덕분에 다른 사람들보다 부동산에 일찍 눈을 뜰 수가 있었다. 그래서 사람들은 내가 20대 때부터 돈을 벌었으니 그때부터 많은 자산을 형성하기 시작했을 것이라고 생각한다. 하지만 나의 자산은 부동산중개업에 입문을 한 지 10년이 지난 30대 중반 이후부터 본격적으로 불어나기 시작했다. 그 전까지 그러니까 35살 이전까지는 또래 직장인들에 비해 조금 앞서거나 아니면 큰 차이가 없는 정도였다.

26살 때부터 35살 때까지 열정을 갖고 열심히 일을 했고 투자도 열심히 했는데 생각처럼 자산은 크게 늘어나지 않았다. 그저 그럭저럭 먹고살 만한 정도였다. 그런데 아이러니하게도 35살 이후부터는 그렇게 열심히 일을 하지 않았고 투자도 아주 열심히 한 편도 아니었음에도 불구하고 자산은 아주 빠른 속도로 불어나기 시작했다. 그 이유를 천천히 생각해보았다. 그리고 지난 17년 동안의 나의 경제활동(돈벌이)에 대해 되짚어보았다.

자산이 급격하게 증가한 사람들의 공통점 세 가지

사회생활을 시작한 처음 10년 동안의 삶은 항상 열정이 넘쳤으며 매일 야근에 가깝게 일을 했다. 이른 아침에 사무실에 출근해서 매물답사를 한 후에 인터넷에 광고를 올리고 동네 구석구석을 뛰어다니면서 명함과 광고전단지를 붙이고 다녔다. 그리고 손님이 한 분이라도 더 오지 않을까 하는 마음에 늦은 시간까지 사무실 문을 열어놓고 자리를 지키고 있었다. 그런데 지금은 그렇게까지 열심히 하지는 않는다.

물론 남들에게 게으르다는 소리는 듣지 않는다. 그때에 비해 상대적으로 게을러졌다는 것이다. 그런데 재미있는 것은 자산이 초창기 10년보다 훨씬 빠른 속도로 많이 증가하고 있다는 것이다. 즉, 물리적인 에너지는 덜 쏟음에도 불구하고 자산은 가파르게 상승했다.

왜 그럴까? 그 이유를 곰곰이 생각해본 결과 다음의 세 가지를 모두 깨달았느냐에 따라 자산증가 속도에서 엄청난 차이가 날 수 있음을 알게 되었다. 그 세 가지에 대해서 알아보자.

1 | '근로소득'은 '자본소득'의 수익률을 앞지를 수가 없다는 것을 깨달았다!

부동산중개업으로 사회생활을 처음 시작한 26살의 나에게는 근로소득이 가장 으뜸이었다. 군대 제대 후 복학을 해서 학교를 다니며 아르바이트를 했다. 이때 모은 돈으로 중개사수험기간 동안 학원비와 생활비를 댔다. 처음 일을 시작했을 때 내 통장 잔액은 100만원 미만이었다. 한 달 동안 열심히 일을 해서 200만~300만원씩 벌어들이는 근로소득이 굉장히 크게 다가왔으며 절대적인 소득이라 여겨졌다.

그 당시 버는 돈의 80% 정도는 저축을 했다. 그렇게 6~7개월 동안 1,500만원을 모아서 2005년도에 첫 부동산투자를 했는데 워낙 소액이다 보니 생각보다 큰돈이 남지는 않았다. 수익률은 투자금 대비 200% 이상이었으나 첫 투자에 대한 기대가 너무 컸기 때문에 상대적으로 큰 수익이 아니라고 생각했던 것 같다.

그 후로 통장에 1,000만~2,000만원 정도만 모이면 소액투자를 반복해서 이어나갔다. 즉, 세후 차익이 500만~1,000만원 정도만 남아도 '샀다', '팔았다'를 반복한 것이다.

특히, 경매를 많이 했는데 상대적으로 소액투자가 가능했던 빌라에 집중했다. 한참 많이 받았을 땐 1년에 4건을 낙찰받은 적도 있었다. 그렇게 소액투자를 열심히 해서 남겨진 수익은 1년 평균 3,000만원 정도였다.

그 당시 나의 근로소득은 경기에 따라 약간의 부침은 있었지만 연평균 4,000만~5,000만원 정도였다. 결과적으로 30대 초반까지 나름 투자를 열심히 한다고 했지만 투자수익(자본소득)이 근로소득을 앞지르지 못하는 상황이었다. 그래서 그때의 나는 어떻게 하면 자본소득을 더 늘릴 수 있을지를 고민하기보다는 어떻게 하면 근로소득을 더 높일 수 있을지에 대해 더 깊은 고민을 했다.

지금 생각해보니 그 당시 부동산경매로 1년에 몇 건씩 낙찰을 받아서 소액이라도 이익이 나면 바로바로 매도를 했던 단타매매는 자본소득의 개념이 아니라 근로소득의 연장선이었다는 생각이 든다.

자산형성을 할 때 무엇보다 중요한 것은 근로소득이 자본소득의 수익률을 이길 수 없다는 것을 하루라도 빨리 인정하는 것이다. 그리고 그 구조가 될 수 있도록 노력해야 한다는 것이다.

그런데 일하는 것에 비해 자산이 늘어나지 않는 사람들을 살펴보면 자신의 근로소득에 대한 자신감과 믿음이 너무도 굳건해서 자본소득의 중요성을 깨닫지 못하는 경우가 많다는 것이다. 그리고 자꾸만 근로소득에만 의지하고 집중하려는 경향이 강해지기 때문에 물리적인 노력에 비해 자산이 증가하는 속도는 더딜 수밖에 없게 된다.

2 | '단기투자(시세차익)'보다는 '장기투자(현금흐름)'가 좋았다!

지나간 일이지만 그 당시 500만원만 남아도 바로바로 팔았던 빌라들의 가격을 조회해보면 거의 대부분 적게는 1억원에서 많게는 3억원 이상까지도 올라가 있는 경우가 있었다. 물론 규제 때문에 지금까지 그 빌라들을 모두 가지고 있을 수는 없었겠지만 만약 지금까지 팔지 않고 갖고 있었다면 상당히 큰 액수의 이익을 가져다 주었을 것이다.

근로소득이 자본소득의 수익률을 앞지를 수 없다는 것을 알았다면 단기투자보다는 장기투자를 지향해야 한다. 여기서 단기투자는 '시세차익'에 중점을 두는 것이다. 즉, 매수한 금액보다 조금이라도 차익이 생기면 바로 매도를 해서 그 차액을 실현하는 것이다. 짧은 시간 내에 수익을 거둘 수 있다는 장점이 있고, 회전률이 빨라서 투자경험을 쌓기에는 좋다. 그러나 부동산가격의 변동성을 매번 단기적으로 정확하게 예측하기가 어렵기 때문에 타이밍을 잘못 잡게 되면 의도치 않게 묶이게 되거나 손해를 볼 수도 있게 된다. 무엇보다 투하되는 노력에 비해 얻을 수 있는 차익이 상대적으로 적을 수밖에 없다는 것이 최대 단점이다.

이와 반대로 장기투자는 '현금흐름'에 중점을 두는 것이다. 즉, 매수한 이후 장기보유를 하면서 전세보증금의 증액 등으로 현금흐름을 만들어내는 것이다.

현재 내가 보유하고 있는 여러 아파트들의 전세가격은 거의 대부분 매수했던 가격보다 높아져 있다. 팔지 않고 계속 보유하고 있었고, 전세가의 상승으로 초기투자금은 모두 회수되었으며, 시간이 지날수록 '플러스투자금'을 만들어주고 있는 것이다. 또한 팔지 않고 계속 보유하고 있기 때문에 시세차익을 점점 키워갈 수 있다는 장점과, 시간이 지날수록 현금흐름도 커지기 때문에 내가 굳이 저축으로 시드머니를 만들지 않는다 하더라도 나에게 목돈을 만들어준다는 큰 장점이 있다.

결국 시간이 지날수록 나의 근로소득과는 크게 상관없이 새로운 투자금을 계속해서 만들어주는 역할을 하고 있는 것이다.

내가 초창기 10년 동안 그토록 열심히 일을 하며 투자를 병행했지만 큰 자산을 만들지 못했던 이유 중에 가장 결정적인 요인이 바로 단기투자로 소액 시세차익에 만족했기 때문이다. 앞서 말했듯 나의 경우 35세 이후부터 자산이 급격하게 늘어났다. 물론 상승기를 제대로 탔던 운도 크게 작용을 했지만, 무엇보다 특별한 경우가 아니면 매수한 부동산은 매도를 하지 않았기 때문이다. 즉, 단기 시세차익이 아닌 장기투자로 현금흐름을 만들기로 투자의 방향성을 재설정했다. 여기에 나의 근로소득을 합쳐서 투자의 질 또한 계속해서 향상시킨 것도 중요한 요인일 것이다.

3 | '수익형부동산'보다는 '시세차익형부동산'에 집중했다!

20대는 취업준비와 첫 사회생활 적응으로 바쁘다. 그러므로 본격적으로 경제활동을 하면서 근로소득의 가치의 정점을 찍을 때가 일반적으로 30~40대일 것이다. 이때에는 근로소득이 뒷받침이 되기 때문에 재테크에 적극적인 관심을 갖고 공격적으로 투자를 해서 자산을 키워가야 한다.

이 시기에는 월세를 받을 수 있는 수익형부동산보다는 향후 현금흐름을 만들 수 있는 시세차익형부동산 투자에 집중을 해야 한다. 그리고 자신의 근로소득으로 감당할 수 있는 범위 내에서 최대한 무리를 해서 자산을 늘려놓아야 한다. 수익형부동산은 매달 월세를 꾸준하게 받을 수 있어 지금 당장 경제적으로 큰 도움이 되는 것처럼 보이나 장기적으로 보면 시세차익형부동산에 비해 경제적으로 큰 도움이 되지는 못한다.

매매가 8억원짜리 구분상가를 매수해서 매달 250만원의 월세를 받는다고 가정해보겠다. 1년이면 3,000만원이다. 그런데 이런 구분상가의 최대 단점은 수익률(월세)에 비례해서 매매가가 산정되는 경우가 많기 때문에 향후에 월세가 급상승하지 않는 한 시세차익이 크지 않다는 것이다.

이와는 반대로 대표적인 시세차익형부동산인 아파트를 8억원에 매수해서 전세를 놓았다고 가정해보자. 물론 부동산경기에 영향을 받겠지만 요즘 같은 시기에는 1~2년 사이 1억원 정도는 어렵지 않게 올라갈 수 있을 것이다. 즉, 매달 수익이 들어오지는 않지만 향후 시세차익이 훨씬 커서 수익률을 계산해보면 시세차익형부동산이 크게 앞선다는 것을 쉽게 알 수가 있다.

나의 경우에도 현재 보유하고 있는 부동산 중 상가와 토지를 제외하고는 주택(아파트)은 모두 전세를 유지하고 있다. 물론 현금흐름이 생길 때마다 신규투자를 하지 않는다면 그 돈으로 전세에서 월세로 전환을 시킬 수는 있다. 하지만 그간의 경험상 너무나 잘 알고 있기 때문에 아직은 수익형부동산의 비중을 크게 두고 있지는 않고 있다.

그러므로 30~40대 때에는 시세차익형부동산으로 공격적으로 자산을 늘리기에 힘쓰기를 바란다. 그리고 50대 이후에 투자의 방향을 수익형부동산으로 전환을 해서 월급 대신 월세를 받는 것을 생각해보길 바란다.

| 요약 정리 |

① '근로소득'은 '자본소득'의 수익률을 앞지를 수가 없다!

② '단기투자(시세차익)'보다는 '장기투자(현금흐름)'가 좋다!

③ 30~40대 때에는 '수익형부동산'보다는 '시세차익형부동산'에 집중해야 한다!

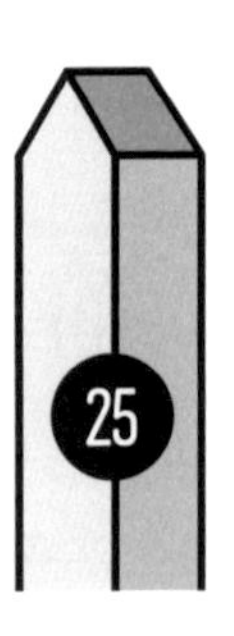

당신이 40대가 되면 얼마의 자산을 갖고 있을까?

1972~1981년생 대상 자산에 대한 설문조사

하나은행이 2020년 하반기에 서울 및 4대 광역시(부산, 광주, 대구, 대전)에 거주하고 있는 1972~1981년생 1,000명을 대상으로 설문조사를 해서 '대한민국 40대가 사는 법'이라는 보고서를 2021년 5월에 발표했다.

해당 보고서에 따르면 우리나라 40대의 평균 총자산은 약 4억 1,000만원인 것으로 나타났다. 놀라운 사실은 이 중 절반 이상에 해당하는 52%가 보유자산이 3억원 미만이라는 것이다. 반대로 자산이 10억원 이상인 40대는 생각보다 적은 12%에 그쳤다.

소득을 살펴보면 40대 소득자의 평균 세후소득은 월 468만원이었다. 참고로 미혼(월 342만원)일 때보다 기혼일 때 소득이 더 높았고, 맞벌이가구 월소득은 615만원으로 외벌이가구 월소득 430만원보다 약 1.4배 많았다.

응답자의 65%는 '현재 소득으로 재테크를 하기에 부족하다'라고 자신의 소득에 불만족을 나타냈다. 지출 형태를 살펴보면 소득에서 평균 73%에 해당하는 343만원을 생활비(282만원)와 자녀 교육비(61만원)로 지출했다. 이와는 반대로 저축과 투자로 사용되는 돈은 매달 약 125만원(27%)에 불과했다.

위 보고서를 요약해보면, 2020년 하반기를 기준으로 우리나라 40대 평균 자산은 4억1,000만원이며 세후 평균 월 소득 468만원 중에서 생활비와 교육비로 343만원이 지출되고 나머지 125만원이 저축 또는 재테크를 위해 쓰이고 있다는 것이다.

생각보다 자산 평균액이 적었다

이 보고서를 읽었을 때, 근로소득으로 한참 정점을 찍고 있는 40

대의 평균 자산이 예상보다 적다는 생각이 들었다. 그렇게 생각한 이유는 발표된 액수가 '순자산'이 아닌 빚(대출)이 포함되어 있는 넓은 의미의 '자산'이기 때문에 더욱 그랬다.

평균적으로 가계 빚이 1억원 정도라고 가정을 해본다면 평균 순자산은 3억원 언저리가 된다는 말이다. 설문 대상이 40대(1972~1981년생)이므로 앞으로 짧게는 10년, 길게는 20년을 더 일할 수 있다고 해도 소비와 투자패턴을 바꾸지 않고 현재의 삶을 그대로 유지한다면 향후에도 자산은 크게 늘어나지 않을 것으로 생각된다.

우리 주변의 근로소득자들은 늘 부족한 소득으로 인해 지금 당장 아이들 키우면서 먹고살기에 빠듯하기 때문에 재테크는 고사하고 노후준비는 아예 엄두도 내지 못하고 있다며 불만이 가득하다.

투자를 안 하는 당신에게 드리는 세 가지 당부

자산 10억원 이상의 12%를 제외한 나머지 88%의 평균이거나 평균 이하의 자산을 보유한 사람들에게 다음과 같이 세 가지를 당부하고 싶다.

첫 번째, '근로소득'과 '자본소득'의 개념을 이해하고, '근로소득'이 '자본소득'을 이길 수 없다는 사실을 인정해야 한다

간혹 현재 자신의 근로소득에 안주해서 자본소득에 대한 관심을 두지 않는 경우가 있다. 또한 한정된 소득으로 당장 먹고살기에도 빠듯하다는 이유로 '나중에'라는 말로 자본소득을 멀리하거나 엄두를 내지 못하고 있는 사람들이 의외로 많다.

그러나 관심을 갖고 열심히 찾아본다면 생각보다 적은 금액으로도 자본소득을 만들 수 있는 방법들이 있다. 다만 관심을 갖고 시도하지 않아서 자신의 시드가 부족해 보이고 자신에게는 해당 사항이 없는 것처럼 느껴질 뿐이다.

맞벌이를 하고 있는 우리 부부의 월 근로소득은 위 조사된 금액에서 크게 벗어나지 않는다. 하지만 자산은 평균을 훨씬 높게 상회하고 있다. 우리 부부가 자본소득에 관심을 두지 않고 근로소득에만 의지했다면 자산 또한 우리나라 40대 평균치에서 크게 벗어나지 못했을 것이다.

두 번째, '자본소득'이 없으면 나이가 들어도 계속 일을 해야 한다

근로소득 시스템에서 자의로 은퇴를 할 수가 없게 된다. 그런데 더 큰 문제는 시간이 흘러 나이가 들수록 할 수 있는 일은 줄어들게 되고 노동력은 저하가 될 수밖에 없다는 것이다. 이렇게 되면 언젠가는 근로소득에 대한 분명한 한계점에 도달할 수밖에 없다. 젊었을 땐 자신의 근로소득이 무한할 거라 생각하겠지만, 시간이 지날수록 한계점에 도달하는 속도는 가속도가 붙어 점점 빨라진다는 사실을 알아야 한다.

세 번째, 지출을 최대한 줄이고 저축은 최대한 늘려야 한다

그리고 하루라도 빨리 투자를 해야 한다!

자본소득을 만들기 위한 가장 기본은 시드머니를 모으는 것이다.

일정액의 시드머니를 만드는 가장 빠르면서 단순한 방법은 지출을 최대한 줄이는 것이다. 소득을 늘리는 것도 중요하지만 자신의 소득을 단시간 내에 늘리는 것은 굉장히 어려운 일이다. 그러므로 지출을 줄여서 저축할 수 있는 금액을 늘리는 것이 더욱 빠르고 효율적인 방법이 될 수 있다.

시드머니를 만들 때에는 사용하고 남은 돈을 저축하는 것이 아니라 저축을 먼저 하고 남은 돈으로 생활을 해야 한다.

하루라도 빨리 투자를 시작해야 한다

존 소포릭의 「부자의 언어」라는 책에 '특별한 삶은 시간을 희생시키고, 평범한 삶은 꿈을 희생시킨다'라는 문장이 나온다.

없는 살림에 자본소득을 만들기 위해 현재를 분명 희생시켜야 한다. 물론 지금도 먹고사는 것이 힘들 것이다. 하지만 우리는 지금보다 더 힘들어져야 한다. 현재의 희생이 나중에 큰 행복으로 보답하리라 확신한다. 젊었을 때 재테크에 관심을 갖고 자본소득을 만들어놓지 않는다면, 정작 은퇴할 시점이 되었을 때 자유롭게 은퇴할 수가 없음을 알아야 한다. 현재의 삶에 안주한다면 결코 노후의 삶을 보장받을 수 없다.

그러므로 하루라도 빨리 투자를 시작하고 자신의 근로소득을 대체해줄 수 있는 자본소득의 디딤돌을 최대한 빨리 놓기를 바란다. 그리고 징검다리의 돌을 놓듯 하나씩 발판이 되는 디딤돌의 수를 늘려서 물을 건너갈 수 있는 튼튼하고 안전한 다리를 완성하기를 바란다.

나는 오늘도 근로소득을 위해 열심히 일을 했다. 그리고 나의 자본소득들 역시 내가 특별히 신경 쓰지 않아도 스스로 알아서 오늘 하루 열심히 일을 했을 것이다. 중요한 것은 나의 자본소득은 근무시간이 따로 정해져 있지 않다는 것이다. 휴일도 퇴근도 없이 1년 365일, 24시간을 쉬지 않고 나를 위해 일을 하고 있다는 것이다.

선배님이 집을 못 산 건 '소득'이 아닌 '소비' 때문입니다!

아침에 출근을 해서 컴퓨터 메일함을 열어보면 수많은 상담 사연들이 도착해 있다. 이 중 내용을 읽을수록 무언가 도움을 주고 싶다는 생각이 들었지만 망설임이 앞서는 사연이 있었다.

나이 많은 분께 조언하는 게 쉽지 않았지만……

누군가에게 조언을 한다는 것은 어려운 일이다. 특히, 나보다 나이가 많은 사람에게 삶에 대해 조언을 한다는 것은 자칫 건방지고, 상대방보다 짧은 연륜에서 오는 얕은 사고로 인해 의도와는 다르게 다른 방향으로 갈 수도 있기 때문에 더욱 조심스럽다.

하지만 사연을 보낸 K씨가 '나의 누이', '나의 형' 같다는 생각이 들어 안타까운 마음에 그냥 지나칠 수 없어 일주일을 망설이다 이렇게 글을 쓰게 되었다.

먼저, 이 글을 읽는 분들의 오해가 없었으면 한다. 이 글은 K씨에게 조언을 드리는 글이라기보다는 만약, 내가 K씨의 입장이었다면 '나는 이렇게 했을 것 같다'라는 생각으로 적은 글임을 먼저 밝힌다.

K씨가 보내온 쪽지 내용은 아래와 같으며 보내신 분의 사생활과 읽는 분들의 가독성을 위해 각색하였다.

K씨의 상황 (K씨가 보내온 메일)

부동산아저씨!
메일을 보실지 확신은 없지만
제가 현재 처한 상황이 너무 부끄럽고 암울해서
어디에라도 도움을 청하고 싶은 마음에 글을 써봅니다.
그냥 지나치지 마시고
어떠한 답이라도 주신다면 정말 감사하겠습니다.

저희 가족은
저와 남편 그리고 고등학생인 두 딸
이렇게 4인 가족입니다.

남편은 자영업에 종사하고 있어
수입이 불안정하여
제가 꾸준히 맞벌이를 해왔음에도 불구하고
좀처럼 돈을 모으지 못했습니다.

더 큰 문제는 어느 순간부터
미래에 대한 희망, 목표의식을 상실한 채
그냥 하루살이 같은 인생을 살아가고 있다는 생각이 들었습니다.
현재 임대아파트에서 10년째 거주 중이며
자산이라고는 보증금 4,000만원이 전부입니다.
현재 월수입은 부부 합산 650만원 정도인데
아이들이 머지않아
모두 대학생이 되기 때문에
앞으로도 저축은 더욱 어려운 상황입니다.
무지로 인한 현재의 상황이 너무 부끄러워서
누군가에게 상담을 받아보려는 시도조차 한 번도 하지 않았습니다.

지금이라도 이 무지를 깨고 나가려고 하는데
워낙 자본이 없다 보니
청약도, 일반 매수도 자꾸만 망설이게 됩니다.

청약가점도 50점대 초반이어서 당첨이 어려울 것 같고
설령 된다고 한들 아무리 대출을 받는다 해도
나머지 잔금을 치를 자신도 없습니다.

인생 50에 아무것도 이뤄낸 것이 없다는 것이
내심 아이들에게 너무 부끄럽기만 합니다.
혹시라도 부동산아저씨께서 방향만이라도 제시해주신다면
정말 큰 도움이 되겠습니다.

답을 주시지 않더라도 써주시는 글들과 공부를 통해
이제라도 변화하는 삶을 살겠습니다.
이것만으로도 사실 많은 도움을 받은 것이라
부동산아저씨께 거듭 감사한 마음뿐입니다.

솔루션 1 | 일단 지출을 줄여야 한다

물론 사람마다 소비성향이 다르고 가정경제의 규모가 다르기 때문에 상대적이기는 하겠지만 4인 가족에게 월 650만원이라는 소득은 결코 적은 금액이 아니다. 그런데 현재 임대아파트보증금 4,000만원 외에 별다른 저축이나 자산이 없다는 것은 소비에 문제가 있다고 볼 수밖에 없다. 그러므로 불필요한 지출을 최대한 줄여야 한다.

돈을 모으기 위해서는 소득을 늘리는 것도 중요하지만 더욱 중요한 것은 불필요하게 지출되는 돈을 막는 것이다. 월소득이 1,000만원이라고 해도 한 달에 1,100만원씩 지출을 한다면 매달 마이너스가 된다. 이와 반대로 한 달에 200만원을 벌더라도 100만원만 지출한다면 매달 플러스가 된다. 소득이 적어서 집을 못 사고 월급이 적어서 투자를 못한다는 것은 핑계에 불과하다.

나를 예로 들어보겠다. 우리 부부도 맞벌이를 하고 있는데, 보유하고 있는 자산에 비해 월소득이 결코 많은 편은 아니다. 그런데 주변 사람들은 우리 부부의 자산규모에 비례해서 월소득도 굉장히 많을 거라 생각한다. 우리 부부는 많지 않은 월소득으로 아이 둘을 키우면서 계속해서 투자를 이어가고 있다.

즉, K씨가 집을 사는 것이 어려운 이유는 불필요한 소비가 걸림돌이 되고 있음을 알아야 한다.

솔루션 2 | 시드머니부터 만들자!

시드머니(종잣돈)를 만들기 위해서는 '여유자금'이 필요하다. K씨의 경우 여유자금에 대한 개념부터 다시 정립할 필요가 있다. 여유자금이란, 쓰고 남은 돈이 아니라 쓰기 전에 먼저 떼어놓는 돈이다. K씨의 경우, 먼저 여유자금의 비율을 정하는 것이 중요하다.

내가 만약 K씨라면 여유자금의 비율을 40% 이상으로 설정할 것이다. 즉, 월소득 650만원 중에서 최소 260만~300만원 정도는 매달 저축이 되어야 한다. 이 정도는 저축을 할 수 있다는 생각과 실천력이 뒷받침되어야 미래를 논할 수 있기 때문이다. 이렇게 딱 3년만 모아보자. 약 1억원이 모아질 것이다.

솔루션 3 | 몸테크에 도전하자!

1억원으로 전세를 끼고 구입이 가능한 아파트를 사놓고 본격적으로 몸테크에 돌입해야 한다.

이렇게 되면 유주택자가 되었으므로 임대아파트에 거주할 수 있는 자격에서 제외될 수 있다. 이때부터 본격적인 몸테크에 돌입해야 한다. 현재의 임대아파트 보증금과 월세를 넘지 않는 선에서 주변에 저렴한 빌라 월세로 거처를 옮겨야 한다.

여유자금을 만들기 위해 지출도 줄여야 하고 몸테크까지 병행해야 하니 어쩌면 이때가 가족들에게 가장 힘든 시기가 될 수도 있다.

하지만 와신상담하는 자세로 여유자금의 비율을 더욱 높이고 독하게 돈을 모아야 한다. 그래야 몸테크의 기간을 단축시킬 수 있기 때문이다. 이렇게 짧게는 2년, 길게는 4년을 넘기지 않는 기간으로 계획을 잡고 모은 돈과 주택담보대출을 활용해서 실입주를 하기 바란다.

K씨에게 드리고 싶은 말

'자신감'과 '자존감'을 갖기를 바랍니다.

살아가는 데 돈이 전부는 아니지만 돈이 필요한 부분이 상당히 많습니다. 그러므로 자녀들에게 경제력이 없는 부모의 입지는 한층 더 위축될 수밖에 없습니다.

앞으로가 중요합니다. 지금이라도 돈을 모아야겠다는 의식이 생겼고 반드시 집을 사야겠다는 목표가 생겼다면 이제는 '할 수 있다!'라는 자신감과 '스스로를 높이는' 자존감을 갖기를 바랍니다.

일반적으로 삶은 한 번에 확 바뀌는 일은 거의 없습니다. 그러므로 시간을 갖고 지속적으로 노력하고 실천하는 것이 중요합니다. 그렇게 하루, 이틀 쌓이다보면 어느 순간 한 단계 발전해 있는 삶을 발견하실 수 있을 거라 확신합니다.

급한 마음에 조금이라도 빨리 풀어보겠다고 꼬인 실타래를 무작정 잡아당기게 되면 실은 더욱 꼬이거나 아예 끊어질 수도 있습니다. 그러므로 시간과 끈기를 갖고 차근차근 꼬인 실타래를 풀어가셨으면 합니다.

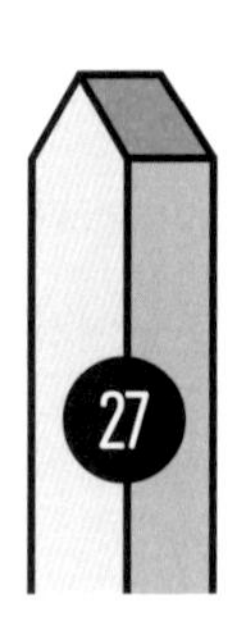

부동산 매수·매도 타이밍을 알고 싶어요!

부동산투자에서 매도 · 매수 타이밍을 잘못 잡아서 매번 재미를 보지 못했다며 자신과 투자는 궁합이 맞지 않는다고 하소연하는 사람들을 볼 수 있다.

부동산투자에서 가장 중요한 것은 매수 · 매도 타이밍보다는 '위험(danger)'과 '리스크(risk)'를 구별할 줄 알아야 한다는 것이다. 우리가 재테크를 위해 선불리 투자에 나섰다가 재미는 고사하고 종종 막대한 손해를 보는 이유는 위험과 리스크를 구별할 줄 모르기 때문이다.

매수 · 매도 타이밍보다 더 중요한 '위험'과 '리스크'

'위험'이란, 어떠한 일에 대하여 앞으로 해로움이나 손실이 생길 우려가 예상될 때를 의미한다. 미래에 대한 부정적인 요인만이 내포되어 있고 긍정적인 요인은 없는 표현이 된다. 그런데 다행히도 상당수의 위험은 대비만 잘한다면 피할 수 있다. 주로 주변의 영향보다는 물건 자체(=투자대상물)에 대한 본질적인 문제이기 때문에 조금만 관심을 갖고 주의를 기울인다면 어느 정도 위험요소를 감지해낼 수 있다. 그러므로 개인의 노력 여하에 따라 위험을 피하거나 아니면 제거할 수 있어 피해를 최소화할 수 있다.

이와는 반대로 '리스크'는 긍정과 부정의 요인이 모두 내포되어 있는 표현이다. 안타깝게도 리스크는 물건 자체의 본질적인 영향보다는 외부요인(주변환경)에 의한 단기적인 돌발변수에 의해 발생하는 것들이 대부분이다. 그래서 어느 누구도 쉽게 예상할 수가 없다.

단기적 등락을 발생시키는 리스크

물건 자체의 가치가 아무리 좋다 하더라도 외부요인의 영향을 받게 되면 단기적으로 가격의 등락이 발생할 수밖에 없다. 이것이

리스크다.

그런데 투자란 이러한 단기적인 가격의 등락을 예상하고 맞추는 게임이 아니다. 대상 물건의 본질적 가치를 파악하고 장기적인 안목을 가지고 접근하는 것이다. 가치가 있는 물건을 발견했다면 치명적인 하자 또는 본질적인 문제가 없는 한 오래도록 함께하는 것이 좋다. 우리가 부동산을 공부하는 이유는 리스크로 인한 가격을 예측하려 함이 아니라 물건의 가치를 제대로 평가하고 위험요소를 최대한 줄이기 위함임을 알아야 한다.

리스크에 의한 단기적인 가격 등락은 분명 있다. 자본주의 시장에서 현명한 투자자로 살아남기 위해서는 리스크를 관리할 수 있다는 생각부터 버려야 한다. 즉, 내일의 가격 등락 여부를 맞힐 수 있다는 생각을 버려야 한다.

리스크는 관리하는 것이 아니라 이겨내고 버텨내야 하는 것이다.

리스크를 관리할 수 있다고 생각하는 단기투자자에게

단기적인 투자가 목적이라면 리스크 관리를 잘해야 한다. 하지만 아무리 투자대상물의 본질적 가치가 훌륭하다 해도 시장의 여러 가지 변수 때문에 시시각각 영향을 받을 수밖에 없다. 이로 인해, 단기간에 움직이고 있는 가격을 올라갈지 내려갈지를 맞힌다는 것은 불가능에 가깝다. 운이 좋아 어쩌다 한두 번은 맞힐 수 있다. 그러나 그것은 어디까지나 '운'이다. 결코 실력이 아니기 때문에 운이 지속되지 않을 뿐만 아니라 이를 자신의 실력으로 착각하는 순간 방심과 오판으로 인한 더 큰 손실을 입을 수도 있다.

투자에서 가장 중요한 것은 장기적인 안목을 갖고 위험을 관리하는 것이다. 위험을 관리하기 위해서 무엇보다 중요한 것이 투자 대상물의 가치를 제대로 파악해낼 수 있는 안목을 키우는 것이다. 그러므로 안목을 키운다는 것은 위험을 제거한다는 말과 같다. 하자가 있거나 향후에 문제가 될 만한 것을 미리 포착하고 걸러내는(차단) 일이다. 그러나 아무리 전문가라 하더라도 위험을 100% 제거해낼 수는 없다. 그래도 자신의 노력 여하에 따라 상당한 위험 요소에서 벗어날 수는 있다.

투자에서 중요한 것은 '예측'이 아니라 '안목'

상당수의 사람들이 자신은 투자자라고 하면서 정작 안목을 키우기보다는 자꾸만 예측을 하는 투기꾼이 되려 한다.

예를 들어 주식투자를 한다는 것은 단순히 증권(종이문서)의 가격을 매수하는 것이 아니라 해당 회사의 지분을 소유하게 되는 것이다. 제대로 된 가치를 평가하고 투자했다면 매일같이 모니터에서 주가를 확인할 필요가 없다. 또한 단기간의 가격 등락에 신경 쓸 필요도 없다. 투자자는 해당 회사가 제대로 운영되고 있는지 또 경영진은 경영을 잘하고 있는지만 모니터링하면 된다.

부동산투자도 마찬가지다. 제대로 된 안목을 가지고 가치에 투자를 했다면 단기간 내의 가격변동에는 신경 쓸 필요가 없다. 우리가 매일같이 아파트의 실거래가를 확인하는 이유는 제대로 된 안목에 의한 투자가 아니라 마치 동전을 던져 앞면과 뒷면을 맞히는 것과 같은 투기를 했기 때문이다. 단기간 내의 가격 등락이 있을지 몰라도 제대로 바라본 안목의 가치는 변함이 없다.

그러므로 진정한 투자자가 되기 위해서는 가격을 '예측'하려 하기보다는 '안목'을 키우는 데 주력해야 한다.

제발, 다주택자가 되지 마세요!

4~5년 전에 신축아파트를 분양받았던 사람들 중에 분양가 이상으로 가격이 상승한 경우가 많다. 서울은 말할 것도 없고 서울과 가까운 경기(수도권)지역에서도 최초 분양가만큼 가격이 상승한 곳이 많다.

이렇게 신규아파트에 투자를 해서 큰 시세차익을 얻은 사람들 중에서 향후 투자계획에 대해서 조언을 구하고자 상담을 받으러 오는 경우가 많다. L씨도 이런 케이스였다.

분양받은 아파트가 10년치 연봉만큼 올랐다

L씨는 30대 중반의 평범한 직장인이면서 단란한 가정(아내와 초등 1학년 딸)의 가장이다. 4년 전에 경기도 향동의 29평형 아파트 분양권을 4억1,000만원(분양가 3억8,000만원+P 3,000만원)에 매수해서 현재 해당 아파트에 실입주해서 살고 있다. 실입주 시에 잔금대출로 1억 5,000만원을 받았다.

2017년 분양권을 매수할 당시 고양 삼송과 향동에 대규모로 입주물량이 쏟아질 예정이었기 때문에 주변 사람들은 하나같이 P(프리미엄)를 주고 분양권을 사는 것에 대해 회의적인 반응이었다. 하지만 L씨는 향후 집값 등락에 연연하기보다는 내 집 장만이라는 소박한 꿈을 이루고자 하는 마음이 커서 두 눈을 질끈 감고 주변의 만류에도 불구하고 매수를 선택했다.

2021년 8월 현재 해당 아파트의 시세는 약 9억5,000만원이다. L씨의 시세차익은 5억원 이상이 되었다. L씨의 연봉은 약 5,000만원 정도인데 한 번의 선택으로 약 10년치 연봉을 넘는 수익을 올렸다. 이렇게 큰 시세차익을 맛보게 되자 최근 들어 자본소득에 대한 중요성과 가치를 깨닫게 되었다.

L씨의 현재 경제적 상황과 투자 방향

L씨의 월급은 약 400만원대 초반이고 그의 아내는 약 250만원 정도였다. 그런데 딸아이가 초등학생이 되면서 아이를 보살펴줄 사람이 없어 금년 초에 아내가 일을 그만두게 되었다. 그래서 경제적인 부담이 커졌고 조급함이 생겼다.

한 달에 650만~700만원 정도의 근로소득이 있을 때에는 경제적으로 크게 어렵다는 생각이 들지 않았다. 약 300만원씩 저축도 할 수 있었다. 그런데 지금은 외벌이로 생활을 해야 하기 때문에 아무리 아끼면서 생활을 한다 해도 100만원 저축도 쉽지가 않아진 것이다.

이렇게 살다가는 노후준비는 고사하고 현재 대출금 갚기에도 버겁다는 생각이 들기 시작하면서 마음이 더욱 심란해졌다.

그래서 L씨는 몸테크를 감행해서 자산을 빠르게 늘려 차후를 도모하겠다는 생각에 이르렀다. 향동의 아파트는 신축아파트이면서 서울 초인접지역이다. 또한 계속해서 인프라와 교통망이 구축되고 있어 가격상승이 한동안 지속될 것 같다는 것이다. 그래서 향동 아파트를 매도하기보다는 몇년 더 보유를 하면서 시세차익을 더 키우고 싶다는 생각을 갖게 되었다.

해당 아파트는 매매가뿐만 아니라 전세가도 많이 상승을 해서 현재 6억원 정도에 전세를 놓을 수 있다. 그래서 일단 올해까지 양도세 비과세요건인 실거주 2년을 모두 채운 후에 전세를 놓을 생각이라고 했다. 이렇게 전세를 놓고 보증금으로 받은 6억원과 그동안 별도로 모아놓은 5,000만원을 활용할 계획이었다. 일단 주택담보대출 1억5,000만원을 상환하고, 나머지 5억원 중에서 2억원으로 저렴한 빌라 전세로 거주지를 옮기고, 3억원 정도 갭투자가 가능한 소형아파트에 투자를 하겠다는 것이다.

L씨가 알아본 결과 3억 갭투자로 서울은 어렵지만 수도권지역으로 범위를 넓히면 서울(강남, 용산, 신도림) 출퇴근이 30분~1시간 이내로 가능한 20~30평형대 아파트가 제법 많다는 것이다. 그래서 몸테크를 3~4년 정도 하면서 향동 아파트와 추가로 매수한 아파트의 가격이 오르면 일정 시점에 모두 정리를 해서 상급지에 대출 없이 실입주를 하겠다는 나름 원대한(?) 계획이었다.

주택의 수를 늘리는 것보다 양도차익 실현이 우선

2021년 6월 1일부터 규제 지역에서 2주택 이상을 보유하게 될 경우 양도소득세가 기존 세율에서 10%가 추가로 중과세가 된다.

무엇보다 큰 문제는 L씨가 추가로 주택을 취득할 경우 2주택으로 인해 신규로 취득한 주택을 먼저 처분하지 않을 경우 향동의 아파트는 양도세 비과세 혜택을 받을 수가 없게 된다는 것이다.

또한, 신규로 취득한 주택을 먼저 양도한다 해도 향동 아파트의 양도세 비과세요건인 '2년 이상 보유 및 거주'가 다시 1주택이 된 시점부터 기산이 되기 때문에 그동안의 보유 및 거주기간은 인정받지 못하게 된다.

물론 2주택(다주택)에 투자를 해서 자산을 빠른 속도로 늘리는 것은 굉장히 중요하다. 하지만 1주택이면서 9억원까지 양도세를 비과세 받을 수 있는 경우라면 다주택포지션으로 가는 것은 신중해야 한다. 특히 L씨처럼 양도차익이 큰 경우에는 더더욱 비과세 혜택을 통해서 양도차익을 최대한 실현하고 다음 스텝으로 이동하는 것이 순서다.

다주택포지션으로 가서 자산을 빠르게 늘리는 것도 중요하지만 실익을 따져보아야 한다. L씨가 2주택자가 됨으로 인해 얻을 수 있는 시세상승분과 1주택을 유지해서 향동의 아파트에 대한 양도세 비과세 혜택을 받는 절세 금액을 비교해보아야 한다.

L씨의 경우 양도차익이 5억원 이상이므로 다주택포지션보다는 일단 5억원에 대한 비과세 혜택으로 차익을 실현시키는 것이 가장 남는 장사가 될 것이다. 이렇게 차익을 먼저 실현한 후에 다른 주택

을 구입(투자)하는 것이 맞다. 그리고 상황에 따라 이후에 다주택포지션으로 가는 것이 유리할 수 있다.

다주택자의 길로 가기 위한 필요충분 조건

부동산투자에서 1주택은 투자가 아니다. 인플레이션 헷지용에 불과하다. 자동차 기어로 비유를 하자면 중립기어(N)인 셈이다. 진정한 투자는 2주택부터이며 전진기어(D)라고 할 수 있다. 그러므로 추가로 주택을 매수해서 2주택포지션으로 가겠다는 L씨의 생각이 틀린 것은 아니다. 그러나 2주택자가 되기 위해서는 아래와 같이 두 가지 요건을 충족한 이후에 하는 것이 좋다.

첫 번째, 현재 보유하고 있는 주택의 가격이 9억을 초과해야 한다

자신이 보유한 주택의 가격이 9억원 이하라면 선불리 다른 주택을 추가로 취득하기보다는 일단 보유하고 있는 주택의 양도세 비과세혜택을 받아서 최대한 많은 양도차익을 확보하는 것이 중요하다.

초기 투자에서 9억원 이하의 주택에 대한 양도세 비과세 혜택은 굉장히 중요하면서 큰 수익이다. 그러므로 자신의 자산(주택의 가격이)이 9억원을 초과하기 전까지는 다주택포지션보다는 1주택에 집중을 하면서 내실을 다지는 것이 유리하다.

이와는 반대로 매수가격 자체가 9억원을 초과하는 주택은 어차피 비과세 혜택을 받을 수 없기 때문에 이때부터 본격적으로 다주택포지션으로 자산의 크기를 확장시키는 것이 수익률 면에서는 유리할 수 있다.

두 번째, 현재 보유하고 있는 주택의 양도차익이 크지 않아야 한다

설령 자신이 현재 보유하고 있는 주택의 가격이 9억원 이하라 하더라도 양도차익이 크지 않다면, 다주택포지션으로 선회해서 자산의 크기를 늘리는 것에 빨리 동참하는 것도 나쁘지 않은 선택이 될 수 있다.

어차피 양도차익이 크지 않기 때문에 설령 양도세 비과세 혜택을 받지 못한다 하더라도 차후 양도세 부담보다는 추가로 다른 주택을 매수해서 양도차익을 보충하는 것이 좋은 선택이 될 수도 있기 때문이다.

다주택자 노선이 순자산을 줄어들게 만들 수도

우리가 정부의 규제 속에서도 다주택자가 되려고 하는 이유는 단지 보유 주택의 수를 늘리기 위함이 아니다. 주택의 수를 늘림으로 인해 자산의 크기를 늘리려는 것이다.

L씨의 경우에는 주택의 수를 늘림으로 인해 자산은 늘어날 수 있다. 그런데 이렇게 다주택포지션으로 감으로써 오히려 순자산을 줄어들게 만드는 역효과를 일으킬 수 있기 때문에 신중하게 판단해야 한다. 일단 향동의 아파트를 1주택자로서 양도세 비과세 혜택을 최대한 받고 정리를 하는 것이 좋다. 그리고 보다 상급지에 전세를 끼고 30평형대 아파트를 사놓기를 바란다.

이때 실입주를 고려한다면 향후에 전세보증금을 반환해줄 여력이 되는 중급지 정도가 좋을 것이며, 투자목적에만 중점을 둔다면 가용자금범위 내에서 최대한 상급지에 묻어 놓는 것이 좋을 것이다. 이렇게 3~4년 정도 몸테크를 해서 자산을 증가시키는 것은 분명 의미가 있는 희생이다. 몸테크를 하지 않을 만큼의 경제적 여력이 있다면 가장 좋겠지만, 만약 자산증식을 위해서 몸테크가 불가피하다면 가급적 하루라도 빨리 하고 빨리 끝내는 것이 좋다. 지금 당장은 힘들어도 나중에는 결국 다 지나간 시간일 뿐이다.

재테크에서 자산의 크기도 중요하지만 결국 가장 중요한 것은 순자산의 크기가 될 것이다. L씨에게 실질적으로 순자산의 크기를 키울 수 있는 선택은 양도세 비과세 혜택이라 생각한다.

다시 한 번 말하지만 순자산이 9억원 미만일 때에는 다주택포지션보다는 1주택자로 양도세 비과세 혜택을 받아 순자산을 최대한 늘리는 것이 중요하다. 이와는 반대로 순자산이 9억원을 초과한 시점부터는 본격적으로 자산을 늘리는 데 중점을 두고 공격적인 투자를 하는 것이 좋다.

29 양도세 때문에 고민이 많은 일시적 2주택자

대출 규제 최고 피해자는 무주택자와 실수요자

최근 들어 다주택자들에 대한 정부의 규제가 심해졌다. 특히, 대출과 세금에 대한 규제가 점점 강화되고 있다.

부동산중개업을 하다 보니 다주택자들을 어렵지 않게 볼 수 있다. 이들은 안정적으로 월세를 받을 수 있는 '수익형부동산'보다는 향후 시세차익을 얻을 수 있는 '차익형부동산'에 집중해서 공격적인 투자로 더 많은 자산증식을 지향하는 경우가 대부분이다. 이들은 대출을 받아 월세를 놓기보다는 전세를 놓고 초기투자비용을 최소화하려 하기 때문에 대출 규제는 이들에게는 실질적으로 큰 걸림돌이 되지 않는다.

오히려 대출 규제는 무주택자들 또는 1주택자로서 갈아타기를 시도하려는 실수요자들에게 더 큰 걸림돌이 되고 있다. 올라가는 집값에 비해 상대적으로 근로소득으로 돈을 모으는 속도는 더딜 수밖에 없어 대출을 받지 않으면 집을 살 수가 없게 되었다. 그런데 각종 규제로 원하는 만큼 대출액이 나오지 않아 실수요자들이 집을 사는 것이 더 힘들어진 상황이 되었다. 그러므로 대출 규제는 실수요자들에게 오히려 더 큰 걸림돌이 되고 있다.

일시적 2주택자들에게 드리는 네 가지 조언

3주택 이상을 보유하고 있는 다주택자들은 어차피 보유하고 있는 주택 중에서 1~2개를 매도한다고 해도 양도소득세의 부담이 크게 줄어들지 않는다. 오히려 차익의 상당부분을 세금으로 납부해야 하기 때문에 버티겠다는 생각으로 아이러니하게도 집을 더 팔지 않으려 한다.

그리고 중요한 것은 현재 보유하고 있는 집을 팔면 그보다 더 좋은 집, 혹은 비슷한 집이라도 살 수 있어야 의미가 있는데 현실적으로 힘든 구조가 되어버렸기 때문에 더 유지하려고 한다.

그런데 이와는 반대로 2주택자들이 오히려 양도세에 대한 부담을 더 크게 느끼며 두려워하는 경향이 있다. 특히, 일시적 2주택으로 기존의 주택을 매도했을 때 양도세 비과세를 받을 수 있는 조건을 충족한 경우에는 더욱 고민이 깊어진다.

점점 커져가는 보유세도 부담스럽지만 무엇보다 2주택을 계속 보유했다가 향후에 '양도세 폭탄을 맞지는 않을까?'라는 걱정이 앞서기 때문이다.

그래서 보유하고 있는 아파트의 가격이 앞으로 더 올라갈 걸 알면서도 양도세가 부담스러워 일단 비과세로 정리하려는 사람들이 의외로 많다. 최근에 이러한 '일시적 2주택'에 대한 고민 사연을 많이 받는 편이다.

첫 번째, 팔고 다른 것을 대체할 만한 투자처가 있는가?

부동산에 투자하려는 본질적인 이유가 무엇인지를 생각해보아야 한다. 그저 돈을 모아서 큰돈을 은행에 넣어두고 이자를 받는 것이 목적이 아닐 것이다. 다양한 투자로 자산을 계속해서 불려나가고 싶은 마음이 있기 때문에 투자를 결심했고 수많은 고민과 두려움을 감수하면서 실행으로 옮겼을 것이다. 그런데, 세금이 부담스렵다고 보유하고 있는 집을 팔아서 다시 1주택자 혹은 무주택자가 된다면 다음에는 집을 사기가 더욱 어려워진다. 다시 다주택자가 되는 것은 각종 규제로 인해 많은 어려움이 뒤따르게 될 것이다.

결론부터 말하면 증식하던 자산을 팔아서 원금에서 크게 늘어나지 않는 은행에 돈을 맡겨 놓는다는 것은 그리 좋은 재테크가 아니라 생각한다. 그러므로 당장 목돈이 필요하거나 아니면 더 좋은 투자처가 있는 경우가 아니라면 단지 양도세 비과세 혜택을 받기 위해서 일시적 2주택자가 1주택 매도를 고민하는 것은 재고해보아야 한다.

단, 앞의 사례처럼 순자산이 9억원 미만인 1주택자이면서 양도차액이 큰 경우에는 이와는 반대로 행동해야 한다. 추가로 주택을 구입해서 다주택포지션으로 나가는 것보다 1주택자로서 양도세 비과세 혜택을 최대한 받고 다음 스텝인 다주택포지션으로 나아가는 것이 순자산을 증가시키기에 유리할 수 있기 때문이다. 이런 경우 선불리 추가로 주택을 매수했다가 기존 1주택에 대한 양도세를 비과세 받지 못할 수 있어, 부담해야 하는 양도세액의 크기와 추가로 매수한 주택의 시세차익을 비교할 필요가 있다.

그러므로 이미 다주택포지션에 들어온 사람이라면 선불리 매도하지 않는 것이 좋으며, 반대로 양도차액이 큰 1주택자라면 일단 차익실현을 최대한 누린 후에 다주택포지션으로 진입하는 것이 좋다.

두 번째, 지금 양도세 비과세보다 향후에 시세차익이 더 클 수도 있다

지인 중 A는 결혼 전에 서울에 20평형대 아파트를 전세를 끼고 마련해서 보유하고 있었다. 그리고 결혼할 때, 신혼집으로 직장과 가까운 경기도 용인에 30평형대 아파트를 예비신부 명의로 장만을 했다. 이 상태에서 혼인신고를 하니 혼인으로 인한 일시적 2주택자가 되었다고 한다. 그래서 양도세 비과세 혜택을 받기 위해 유예기간 내에 양도차익이 상대적으로 많았던 서울 아파트를 팔아서 비과세 혜택을 받았다고 한다. 그리고 신부 명의로 매수한 용인 아파트에서 현재까지 살고 있다고 한다.

A는 서울 아파트를 2013년도에 3억5,000만원에 매수해서 양도세 비과세 혜택을 받기 위해 2017년도에 4억8,000만원에 매도했다. 그러므로 양도차익 1억3,000만원에 대한 양도세 약 3,000만원 정도를 비과세로 절세할 수 있었다.

그리고 서울 아파트를 매도한 돈으로 전세보증금을 반환해주고 나머지 금액으로 용인아파트를 살 때 받았던 담보대출을 상환하는 데 사용했다고 한다. 그런데 A는 지금 와서 땅을 치고 후회를 하고 있다. 해당 서울 아파트의 시세가 2021년 현재 9억원이 되었기 때문이다. 그 당시 양도세 3,000만원을 절세할 수는 있었지만, 이로 인해 이보다 훨씬 더 큰 시세차익을 누릴 수 있는 기회를 놓친 모양새가 된 것이다.

부동산은 가격의 변동성은 있지만 장기적으로 접근했을 때에는 우상향할 가능성이 높은 실물자산이다. 그러므로 미시적 손익계산보다는 거시적 관점에서 장기적으로 큰 그림을 그릴 줄도 알아야 한다.

세 번째, 재산세와 종합부동산세의 차이를 알자!

부동산 보유세 중에서 가장 대표적인 것이 '재산세'와 '종합부동산세(이하 종부세)'다. 재산세는 다행히도 건별로 부과되는 개별과세이기 때문에 부동산을 여러 개 갖고 있다고 해서 누진과세가 되지 않는다. 그러므로 생각보다 부담이 크지가 않다.

주변 다주택자들 중에서 재산세가 부담스러워서 집을 팔겠다는 사람은 아직 보지 못했다. 종부세는 소유하고 있는 부동산의 공시가격을 합산해서 금액이 커질수록 누진과세가 되기 때문에 다주택자들에게 분명 부담이 크고 불리한 구조의 세금이다.

하지만 다행히도 종부세는 개인별 과세로 부부가 다주택일 경우 인당 각각 공시가격 6억원까지 과세가 되지 않는다. 그러므로 부부간 부동산 자산을 잘 분배해놓는다면 공시가격 12억원까지는 종부세가 과세되지 않는다.

시세가 10억원 정도 하는 아파트의 일반적인 공시가격은 평균 5억~6억원 정도 선이다. 즉, 시세가 10억짜리 아파트와 13억짜리 아파트를 부부가 두 채를 소유하고 있다 해도 공시가격 12억을 빼고 나면 실제로 과세표준이 되는 액수는 그리 크지 않게 된다.

그러므로 강남에 몇십억원 이상 하는 초고가아파트 또는 3주택 이상의 다주택자들에게는 종부세가 부담이 될 수는 있겠지만 평범한(?) 2주택을 보유하고 있는 사람들에게는 종부세 부담이 생각만큼 크지 않다. 물론 정부에서 주택 공시가격을 시세에 맞춰 매년 점진적으로 올리겠다고는 하지만 이 또한 감당할 수 있는 범위 내라고 생각한다.

종부세 대상자가 되었다고 불만을 갖기보다는 그만큼 자신의 자산이 늘어났음도 한 번쯤은 생각해보았으면 한다.

네 번째, 다주택자들에 대한 정부의 규제를 제대로 파악하자

다주택자들에 대한 정부의 규제가 심해졌다. 그래서 다주택을 보유하는 것에 어려움이 점점 커지는 것은 사실이다.

그런데 분명하게 알아야 할 점은 최근 무주택자가 유주택자가 되는 것도 힘들지만 1주택자가 다주택자가 되는 것은 더욱 힘들어졌다는 점이다. 그러므로 일시적 2주택을 활용해서 '양도세 비과세 혜택'을 받을지, 아니면 '다주택포지션'을 유지할지는 본인의 현재 상황 등을 고려해서 신중하게 선택할 필요가 있다.

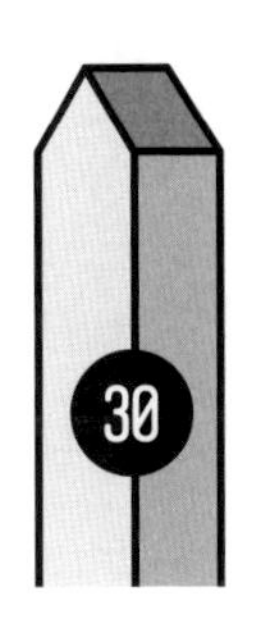

아파트 팔고 수익형부동산을 사고 싶어요!

(feat. 다가구주택과 원룸주택)

최근 몇 년 사이에 아파트 가격이 급격하게 상승했다. 이렇게 급격하게 상승한 아파트의 시세차익을 실현해서 근로소득을 보충해줄 수 있는 수익형부동산에 대한 상담 문의가 부쩍 늘었다.

예전에는 주로 50~60대 이상에서 문의가 많았는데, 평생직장이라는 개념이 없어진 요즘 근로소득에 대한 불안감 때문에 최근에는 30대 후반~40대 초반의 비교적 젊은 층에서도 수익형부동산에 대한 관심이 높아지고 있다. 이와 관련해서 40대 초반 K씨와의 상담내용을 공유해보고자 한다.

퇴사 후 소득절벽이 두려운 대기업 월급쟁이 K씨

K씨는 소위 말하는 '엄친아'였다. 경제적으로 넉넉하지 못한 집에서 태어나서 학창시절 '공부만이 살길이다!'라는 생각으로 열심히 공부만 했다. 그래서 'S대'를 졸업하고 취준생 기간 없이 바로 'S전자'에 취업을 할 수 있었다. 아내 역시 같은 회사에 다니고 있었기 때문에 두 사람의 연봉은 남부럽지 않았다.

10년 전 결혼 당시 양가 모두 형편이 넉넉하지 못한 편이어서 전세자금대출을 받아서 방 2개짜리 빌라에서 신혼생활을 시작했다. 그곳에서 4년을 살면서 2억원 정도를 모았다. 연봉도 높은 편이고 아무래도 맞벌이다 보니 신혼 초에 비교적 빠른 속도로 돈을 모을 수 있었다.

그리고 생각해보면 운도 좋았다. 6년 전 서울의 아파트 가격이 지금처럼 그렇게 비싸지 않았기 때문에 강북인들의 로망인 '경희궁자이' 20평형대를 대출을 최대한 활용해서 매수할 수 있었고 지금까지 그곳에서 살고 있다.

매수 당시 4억원 정도를 대출받았는데 악착같이 상환해서 현재는 1억원 정도만 남아 있다.

비록 강남은 아니지만 강북의 대장아파트에 속하는 곳에 자가로 거주하고 있으며 탄탄한 대기업에 다니고 있고 무엇보다 승진도 남들보다 빨리 한 편이었기 때문에 주변에서 K씨를 부러워하는 사람이 많았다.

하지만 정작 K씨는 현재의 삶에 만족하기보다는 미래에 대한 두려움이 점점 크게 다가오고 있었다. 20대 후반 'S전자'에 입사를 해서 15년 가까이 다니고 있고 특별한 문제만 없으면 부장 정도까지는 갈 수 있을 것 같은데, 문제는 사내 분위기상 임원이 되지 못하면 짧으면 5년, 길어야 10년 이내에는 퇴사를 해야 한다는 보이지 않는 압박이 느껴졌다.

무엇보다 1년 전, 결혼 후에도 계속해서 맞벌이를 했던 아내가 첫째 아이의 초등학교 입학과 동시에 육아 및 교육에 최선을 다하고 싶다며 퇴사를 하면서 예전에는 느끼지 못했던 근로소득에 대한 부담과 한계를 최근 들어 느끼기 시작한 것이다.

그래서 수익형부동산을 생각하게 되었다

다른 회사에 비해 연봉이 높은 만큼 업무량, 실적에 대한 부담이 컸다. 아내에게 말은 못했지만 앞으로 몇 년을 더 버틸 수 있을지 솔직히 자신이 없었다.

그래서 최근 들어 부쩍 자신의 근로소득을 보충해줄 수 있는 수익형부동산에 관심을 갖게 된 것이다. 수익형부동산에는 여러가지가 있겠지만 K씨가 눈여겨보고 있는 투자 대상은 '다가구주택'과 '원룸건물'이었다.

자신이 살고 있는 아파트를 매도하고 퇴직금을 중간정산해서 양도세와 대출금 등을 상환하고 나면 12억~13억원 정도를 손에 쥘 수가 있다고 한다. 여기에 대출 또는 임차인들의 보증금 등을 합치게 되면 15억~17억원 정도 되는 수익형 주택을 매수할 수 있겠다는 생각에 요즘 이런 물건들을 틈틈이 알아보고 있었다.

가장 위층에 살면서 이자와 각종 비용을 공제하고도 월세로 대략 300만~400만원 정도는 받을 수 있을 것이다. 매달 자신의 월급에 400만원이 추가되면 경제적인 부담도 줄어들 것 같고 향후에 자신이 회사를 그만두어서 근로소득이 없어진다 해도 기본적인 생활비 정도는 해결할 수 있을 거라 생각이 들었다.

그래서 아파트에 자신의 모든 자산을 깔고 살아가는 것보다 약간의 번거로움과 불편함을 감수하고서라도 수익형부동산으로 갈아타는 것이 어떤지 이에 대한 조언을 듣고 싶다며 상담을 요청해왔다.

A와 B라는 사람이 있었다. 5년 전, 우리 사무실 근처에 살았던 A

와 B의 경우를 예로 들어보겠다.

다가구주택을 소유한 A와 B 사례

그 당시 A는 40대 중반, B는 40대 초반이었다. 두 사람은 비슷한 위치에 반지층, 1층, 2층, 3층으로 이루어진 다가구주택을 각각 소유하고 있었다.

두 사람 모두 3층 주인세대에 살면서 아래층들은 임대를 놓아 월세를 받고 있었는데 1990년대 초반에 지어진 오래된 집들이다 보니 월세를 그리 많이 받지는 못하고 있었다.

A의 다가구주택은 대지가 39평이었고 반지층~2층까지 층별로 방 3개의 구조로 1가구씩 총 3가구를 임대를 놓았는데 월세로 약 150만원을 받고 있었다.

B의 다가구주택은 대지가 43평이었고 반지층은 가내수공업을 하고 있는 B가 자신의 작업공간으로 사용하고 있었다. 나머지 1층과 2층은 각각 방 3개의 1가구씩 총 2가구를 임대를 놓아서 월세로 약 130만을 받고 있었다.

그 당시 두 집 모두 30년이 다 되어가는 오래된 집이어서 매매가를 따질 때 건물의 가격은 거의 없는 상태였고 대지(땅)의 가격만 평당 1,400만원 선이었다.

A와 B는 서로 다른 선택을 했다

A는 새 아파트에 살아보고 싶다는 생각에 해당 다가구주택을 5억4,600만원에 매도를 했다. 그리고 때마침 급매로 나와 있던 인근 뉴타운지역에 위치한 30평형대 아파트를 매수해서 이사를 했다. 이때 매수대금이 약간 부족해서 5,000만원을 담보대출로 받았다. 5,000만원에 대한 이자로 한 달에 약 12만원 정도의 부담이 생겼지만 앞으로 10년 이상은 근로소득이 자신 있었기 때문에 크게 부담스럽지는 않았다고 한다.

단, 매달 고정적으로 받았던 150만원 정도의 월세를 받지 못하게 된 부분이 경제적으로 아쉬웠지만 주거에 대한 만족도가 굉장히 높았기 때문에 그 아쉬움이 어느 정도 상쇄되었다고 한다.

그래서 아파트로 이사를 한 후에 이웃사촌이었던 B에게도 아파트로 이사 올 것을 몇 번 권했다고 한다. 하지만 B는 오래된 다가구주택에서 계속 살기로 결정했다. B의 경우 자신의 다가구주택 반지층에서 가내수공업을 하고 있는데 만약 아파트로 이사를 가게 되면 작업 공간을 따로 얻어야 하기 때문에 월세 부담이 생긴다.

무엇보다 B의 근로소득은 A처럼 고정적인 월급이 아니어서 수입이 불규칙한 편이었다. 그러므로 현재 1층과 2층에서 받고 있는 월세 130만원을 더욱 포기하기가 쉽지 않았다. 그래서 주거의 만족도가 떨어지고 노후로 인해 다소 불편하지만 계속해서 다가구주택에서 살기로 한 것이다.

그렇게 5년이라는 시간이 지났다

삶의 만족도, 주거의 쾌적함 등은 별론으로 하고 가격적인 면만 놓고 A와 B의 집에 대한 가치를 비교해보겠다.

2016년

A의 다가구주택 → 5억4,600만원(39평 × 평당1,400만원)

B의 다가구주택 → 6억200만원(43평 × 평당1,400만원)

2021년

A의 신축 6년차 30평형대 아파트 → 15억원

B의 다가구주택 → 9억8,900만원(43평 × 평당2,300만원)

5년 전, A와 B가 모두 다가구주택을 소유하고 있을 때에는 B의 주택가격이 약 6,000만원 정도 더 비쌌다. 대지가 4평이 더 컸기 때문이다.

그러나 현재에는 상황이 정반대가 되었다. 월세수익을 포기하고 시세차익형부동산으로 갈아탄 A의 아파트 가격이 5억원 이상 비싸졌다.

물론 A는 다가구주택의 월세를 포기하고 아파트로 이사를 하면서 월 162만원의 경제적 손실을 입었다.(대출금 5,000만원에 대한 이자 12만원 + 다가구주택에서 받았던 월세 150만원) 하지만 이를 공제하고도 4억원(5억원 − 9,720만원(162만원×12개월×5년))이라는 경제적 이득을 얻었기 때문에 충분히 감당할 수 있는 손실이라 생각한다.

K씨에게 드리는 조언

'수익형부동산'은 매달 고정적으로 월세가 들어온다는 것이 가장 큰 장점이다. 이렇게 들어오는 월세를 생활비로 활용해도 되고 아니면 자신의 근로소득에 합쳐 빠르게 목돈을 만들 수도 있다. 하지만 장기적인 관점에서 수익률을 생각해 본다면 수익형부동산이 '시세차익형부동산'의 수익률을 이길 수 없다. 그러므로 근로소득의 에너지가 충분하게 남아 있는 30~40대라면 수익형부동산보다는 시세차익형부동산에 더 관심을 가졌으면 한다.

수익형부동산은 소극적투자(방어)의 성격을 갖고 있으며 농사에 비유하면 '추수'와 같다.

이와는 반대로 시세차익형부동산은 적극적투자(공격)의 성격을 갖고 있으며 농사에 비유를 하면 '씨앗을 뿌리는 것'과 같다.

그러므로 근로소득이 뒷받침되는 30~40대라면 적극적인 투자를 통해서 최대한 많은 씨앗을 뿌려서 자산을 늘리는 것에 중점을 두어야 한다. 그러고 나서 50대 이후 근로소득이 본격적으로 하향곡선을 그리기 시작했을 때 추수의 기쁨을 만끽하길 바란다.

다시 한 번 강조하지만 30~40대 때에는 지금 당장의 월세 수입에 관심을 갖고 안주하기보다는 보다 판을 키워서 시세차익에 관심을 갖고 자산을 늘려야 한다.

근로소득을 올릴 수 있을 때 최대한 많은 씨앗을 뿌려놓아야 나중에 추수할 곡식도 그만큼 늘어나기 때문이다.

덧붙이는 말

최근 몇 년 사이에 아파트 가격이 비정상적으로 올라서 다른 종류의 주택(또는 부동산)을 소유하고 있는 사람들이 상대적으로 손해를 보았다는 생각들을 갖고 있는 경우가 많다.

아파트가 가장 일반적인 시세차익형부동산이어서 예로 들었을 뿐이다. 시세차익형부동산으로 무조건 아파트에만 투자를 하라는 것은 아니다.

이와는 반대로 다가구주택이 가장 일반적인 수익형부동산이어서 예로 들었을 뿐이다. 그러므로 30~40대에게 다가구주택을 사지 말라는 것은 아니다. 다가구주택도 좋은 시세차익형부동산이 될 수도 있다. 실제로 다가구주택을 올전세로 임대를 맞추어서 수익형이 아닌 시세차익형으로 투자를 하는 사람들도 제법 있다.

이 글은 '아파트가 좋다', '다가구가 좋다'라고 편을 가르기 위함이 아니라 '시세차익형'과 '수익형'의 개념을 명확하게 알고 자신의 상황과 연령대에 맞게 투자를 했으면 하는 마음에 쓰게 되었다.

| 잠 | 깐 | 만 | 요 |

꼬마빌딩 투자 시 유의사항 세 가지

최근 풍부한 유동성과 저금리 그리고 주택에 대한 고강도 규제가 계속되면서 내 집 장만 이후의 재테크수단으로 상대적으로 규제의 강도가 덜한 수익형부동산에 대한 관심이 높아지고 있다. 그중 꼬마빌딩이라고 부르는 대지평수 30~50평 이하, 매매가 50억원 이하의 소형상가건물에 대한 관심이 집중되고 있다. 돈이 되는 꼬마빌딩을 구입하기 위해서는 다음과 같이 세 가지를 유의해서 살펴보는 것이 좋다.

첫 번째, 2층 이상의 입점 업종을 잘 살펴보아야 한다!

초보자일수록 상가건물의 가치를 평가할 때 1층에 어떠한 업종이 입점해 있느냐에 비중을 두고 판단하는 경우가 많다. 하지만 경험이 많은 고수일수록 2층 이상을 더 관심 있게 살펴본다. 특히나 해당 건물뿐만 아니라 주변에 위치한 건물들의 2층 이상의 임대현황을 주의 깊게 살펴본다.

왜냐하면 모든 층의 임대가 만실이라 하더라도 2층 이상에 고시원, 원룸텔 혹은 주거용으로 임대가 된 상황이라면 상업시설(영업 또는 사무실)에 대한 수요가 적어서 차선책으로 주거시설로 임대가 되었을 가능성이 높기 때문이다. 이러한 상권에 위치해 있는 건물이라면 현재 눈에 보이는 것보다 상권이 활발하게 형성되어 있지 않을 수도 있기 때문이다.

두 번째, 1층(기준층)의 건폐율을 반드시 확인해보아야 한다!

이러한 꼬마빌딩을 매매할 때 '평당 ○○○만원'이라는 평당가로 건물의 가치와 매매가의 싸고 비쌈을 평가하는 경우가 많다.

하지만 평당가보다 더 중요한 것은 1층의 건폐율이다. 건폐율이 높으면 같은 평수의 대지라고 하더라도 실제 사용할 수 있는 면적이 늘어남으로 인해 더 유리한 조건으로 임대를 놓을 수 있기 때문이다.

세 번째, 1층의 임대료가 전체 임대료에서 차지하는 비율을 따져보아야 한다!

전체 임대료에서 1층과 2층의 임대료가 차지하는 비율이 높을수록 상권이 좋은 지역이다. 특히 5층 이하의 꼬마빌딩에서는 1층의 임대료의 비율이 30%가 넘는 것이 좋다.

월세 30만원 때문에 양도세 폭탄 맞은 사연

70대 어르신과 40대로 보이는 아드님이 급히 상담을 받고 싶다며 수소문을 해서 우리 사무실을 찾아온 적이 있다.

상담내용은 다음과 같았으며 상담자의 개인정보와 읽는 분들의 이해를 돕기 위해 어느 정도 각색을 하였다.

처음에는 전혀 문제가 없는 것처럼 보였다

어르신은 30년 전인 1990년대 초반에 인천 부평에 다가구주택을 신축해서 반지층, 1층, 2층은 임대를 놓고 3층에는 본인이 직접 거주를 했다. 몇 년 전부터 다리가 급속도로 불편해져서 3층까지 계단으로 오르고 내리고 하는 것이 힘에 부치고 집 관리와 임차인들 관리에도 어려움이 있어 2020년 9월 말에 다른 사람에게 소유권을 넘겼다.

양도가격이 9억원 이하였고 비과세요건을 모두 갖추었으므로 양도소득세(이하 양도세)를 비과세로 신고까지 모두 마쳤다. 그리고 아드님 집 근처에 위치한 소형평수 아파트로 거처를 옮겼다.

어느 날 국세청으로부터 연락이 왔다

그러던 어느 날 발신자가 국세청으로 된 한 통의 우편물을 받았다. 바로 양도세 '불성실신고 및 가산세'의 내용이 담긴 우편물이었다. 어르신은 분명 양도세 비과세 대상이었으므로 당연히 부과될 세금이 없는데, 불성실신고에 가산세까지 납부하라고 하니 이해가 되질 않았다.

내가 생각해도 왜 양도세가 부과되었는지 이해를 할 수 없었다.

부평은 2020년 당시 조정지역이었다. 그러므로 아래와 같이 세 가지 요건을 모두 갖추었다면 양도세가 비과세가 된다.

양도세 비과세 요건

① 1세대 1주택일 것

② 2년 이상 보유 및 2년 이상 거주했을 것

③ 양도가격이 9억원 이하일 것

어르신의 다가구주택은 위 세 가지 요건을 모두 충족하였으므로 양도세는 당연히 비과세 대상이었다. 그런데 고액의 양도세와 가산세까지 부과되었다니 이해가 되지 않았다. 나는 거래하는 세무사사무실에 전화를 해서 물어보았는데 비과세가 맞다고 했다. 그런데 왜 과세가 되었을까?

숨은 이유가 있었다.

나는 어르신에게 정확한 주소를 물어보고 등기사항증명서와 건축물대장을 열람해보았다. 건축물대장을 열람하는 순간 첫 번째 장에 '위반건축물'이라는 글자가 제일 먼저 눈에 들어왔다. 그래서 위반건축물로 등재된 이유를 살펴보니 그제야 답을 찾을 수가 있었다.

건축법에서는 다가구주택의 요건을 다음과 같이 정의하고 있다.

다가구주택의 요건

① 3개층 이하일 것(다만, 지하층은 층수에서 제외)

② 연면적 660㎡ 이하일 것

③ 가구수는 19세대 이하일 것

다가구주택은 하나의 건물에 여러 세대가 살고 있지만 소유권은 하나로 인정되는 주택의 형태다. 다가구주택은 각 세대별로 분양할 수 없고 하나의 매매 단위로만 양도할 수 있으므로 단독주택의 범주에 들어가는 주택이다. 어르신의 주택은 위 세 가지 요건을 모두 충족한 다가구주택이었다.

그런데 해당 주택의 건축물대장상에 위반 내역을 살펴보니 '옥탑' 부분에 문제가 있었다. 예전 물탱크실로 사용되었던 옥탑 부분을 불법 확장과 용도 변경을 해서 우리가 흔히 말하는 '옥탑방'으로 만들었던 것이다.

어르신께 여쭤보니 10년 전쯤, 불필요해진 물탱크를 철거하고 옥탑을 확장하고 용도를 변경해서 원룸으로 월세를 놓았다는 것이다. 이 점은 본인도 불법임을 알고 있었기 때문에 매수자에게 분명하게 고지하고 매도를 하여서 문제될 것이 없는 줄로만 알았다고 한다.

위반건축물 때문에 졸지에 다주택자가 되다

앞서 살펴본 것처럼 건축법에서는 주거용으로 사용되는 지상층의 층수가 3개 층까지만 다가구주택으로 인정하고 있다. 그러므로 4개 층부터는 다세대주택으로 분류된다. 이로 인해 어르신의 주택은 단독주택의 개념인 다가구주택이 아니라 공동주택(집합건물)의 개념인 다세대주택이 되어버린 것이다.

그러므로 어르신은 1세대 1주택자가 아니라 세법상 1세대 다주택자가 되어버렸다. 그래서 생각지도 않은 양도세 폭탄(?)을 맞게 된 것이다. 방법을 생각해보았다. 하지만 안타깝게도 방법이 없어 보였다. 잔금(소유권이전등기) 전이었다면 옥탑방 부분을 다시 원래의 용도대로 회복하여 대장상 위반건축물로 등재된 부분을 말소하고 소유권을 넘겼다면 정상적으로 1주택으로 인정받을 수 있었을 것이다.

하지만 매수자에게 소유권이전등기까지 다 마친 상태고 이미 다주택 상태에서 주택을 양도한 개념이 되었기 때문에 양도세를 피할 방법은 없어 보였다.

다가구주택을 소유하고 있는 분들은 자신이 1세대 1주택자로 비과세요건을 갖추었다고 방심하지 말고 매도(소유권이전)하기 전에 양도소득세에 대해서 면밀하게 검토해볼 필요가 있다. 특히, 자신이 보유하고 있는 다가구주택이 '지상 3층 + 옥탑방'의 형태라서 이미 건축물대장상 위반건축물로 등재된 상태라면 말할 것도 없고 혹시나 지금까지 운이 좋아서 등재가 되지 않았다 하더라도 옥탑방 때문에 세법상 다주택자가 될 수 있음을 알고 반드시 매도하기 전에 적절하게 조치를 취해놓아야 한다.

반면, 보유하고 있는 다가구주택이 지상 2층이라면 2층 위에 별도의 옥탑방이 있다고 하더라도 양도세에서는 별다른 문제가 되지 않는다. 다만, 향후 불법건축물로 적발이 되어 건축물대장에 위반건축물로 등재될 경우 불법이 해소될 때까지 매년 부과되는 '이행강제금'이 문제가 될 수 있다. 그러므로 이 점을 매수자에게 분명하게 고지하고 문제가 될 만한 사항은 반드시 '계약서 특약사항란'과

'확인설명서'에 기재하여 향후 발생할지도 모를 분쟁의 소지를 미연에 방지해놓는 것이 좋다.

물집이 터지기 전에 간단한 치료를 하면 쉽게 나을 수 있는데, 시기를 놓쳐 곪아서 터지는 순간 그 고통과 아픔은 몇 배로 커질 수밖에 없다. 양도하기 전에 이러한 부분을 꼼꼼하게 챙겼다면, 그래서 세무사에게 상담을 받아보았다면 하는 안타까움이 커지는 순간이었다. 확실하지 않으면 '설마'라는 마음으로 안일하게 그냥 넘어가지 말고, '혹시'라는 마음으로 더 꼼꼼하게 짚고 넘어가야 한다. 그래서 꾸준한 관심과 공부가 필요하다. 그리고 전문가의 도움이 필요할 땐 반드시 조력을 받기 바란다. 그것이 시간과 돈을 아낄 수 있는 최선의 방법이다.

아는 만큼 볼 수 있으며, 그만큼 위험에서 자산을 지킬 수 있다.

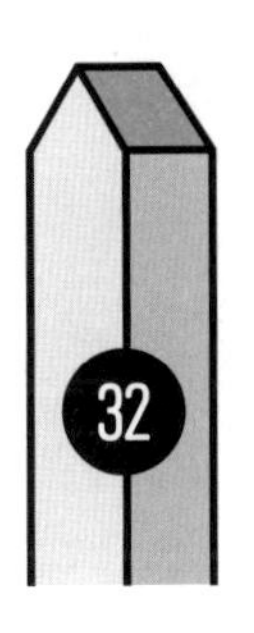

직장생활이 아무리 힘들어도 퇴사하면 안 되는 다섯 가지 이유

40대의 고민, 사업을 할까? 전업투자자가 될까?

요즘 청년들의 취업도 힘들지만 장년들이 정년까지 직장에서 버티는 것은 더욱 힘들어졌다. 그래서 어느 정도 연차가 쌓인 직장인이라면 한 번쯤 사업(자영업)을 생각하거나 아니면 전업투자자를 생각하게 된다.

전업투자자로 살게 되면 직장이라는 울타리에서 벗어나 '시간'과 '공간'의 자유를 느끼면서 업무에 대한 스트레스를 받지 않고 마음 편하게 투자에만 전념할 수 있을 거라고 생각한다. 그리고 직장 생활을 하는 것보다 더 많은 수익을 낼 수 있을 거라는 희망도 품는다. 그래서 부동산투자 혹은 주식투자에 조금이라도 관심을 갖고 있는 직장인이라면 의외로 '전업투자자'를 꿈꾸는 이들이 많다. 특히 주식투자를 전업으로 생각하는 이들은 생각보다 많다.

하지만 부동산이든 주식이든 본업에 충실하면서 부업으로 투자를 병행하는 것이 훨씬 낫다. 전업 투자자가 되기 위해서는 최소한 현재 자신의 근로소득(월급) 이상의 자본수입(월세, 주식배당, 이자소득 등)이 만들어진 상태여야 한다. 그렇지 않은 경우에는 전업에 대한 생각은 아예 접는 것이 좋다. 특히, 나이가 50살 전이고 고정적인 월급을 받을 수 있는 직장에 다니고 있는 사람일수록 더욱 더 투자는 부업으로 생각해야 한다.

왜 전업투자보다 본업(직장생활)을 하면서 투자를 하는 것이 좋은지 다섯 가지 이유를 들어 설명해보겠다.

첫 번째, 안정적 고정수입이 필요(생활비, 대출이자 때문에)

전업투자의 가장 큰 단점은 수입이 일정하지가 않다는 것이다. 한 번에 큰 수익을 낼 수도 있지만 반대로 오랜 시간 동안 수익이 나지 않을 수도 있다. 그런데 생활을 하기 위해서는 기본적인 생활비가 필요하다.

또한 상당수의 투자가 '자기자본 + 대출'의 구조로 투자금이 형성되기 때문에 매달 고정적으로 지출되는 이자를 감당해야 한다. 그러기 위해서는 안정적인 고정수입이 필요하다.

그러므로 월급 이상의 꾸준한 자본소득이 갖춰지지 않은 상황이라면 전업투자를 생각하면 안 된다.

두 번째, 대출 시 유리(소득증빙)

투자에서는 자기 자본뿐만 아니라 레버리지효과를 위해서 '대출'이 필수가 되었다. 그러므로 대출을 잘 받는 것도 경쟁력이고 자산이다. 일반적으로 금융기관에서 대출심사를 할 때, 소득증빙이 어려운 자영업자보다는 직장인에게 대출승인이 관대한 편이다.

소득증빙을 원활하게 할 수 있고, 직장의 규모에 따라 신분의 보장성도 어느 정도 인정받을 수 있기 때문에 대출한도와 금리 등에서 유리하다.

직장생활을 하는 이유가 대출을 잘 받기 위함이라고 하는 사람이 있을 정도로 대출에서 '소득증빙'과 '재직증명'이 중요하다. 직장이 있고, 없고에 따라 대출 승인 여부와 한도와 금리 등의 조건이 달라질 수 있다.

특히 직업이 공무원이라면 국가에서 주는 여러 혜택 중 가장 대표적인 혜택이 바로 대출을 유리하게 받을 수 있다는 것이다. 그러므로 대출에 대한 부정적인 인식을 버리고 금융을 잘 활용한다면 재테크 면에서는 대기업 사원이 부럽지 않을 것이다.

세 번째, 월급 그 자체가 큰 자산

수익형부동산에서 대출이자 등의 비용을 빼고 연 순수익률이 5% 정도면 굉장한 우량물건에 속한다. 전업투자를 꿈꾸는 자신의 월급을 연 수익률로 계산해보자. 월급이 300만원이라고 가정했을 때 순수익률을 5%를 적용해서 계산해보면, 약 7억2,000만원의 수익형부동산을 갖고 있는 것과 같다. 월급 300만원은 최소 7억2,000만원의 자산의 역할을 하고 있는 것이다. 참고로 월급 500만원은 약 12억원의 자산에 해당한다.

우리가 경제활동을 하는 이유는 당장 먹고살기 위함도 있지만, 자식과 자신의 노후를 위해 돈을 벌어 자산을 증식시키기 위함이 크다. 그런데 직장을 그만두고 전업투자를 한다는 것은 역으로 자산을 줄어들게 만드는 것과 같게 된다. 즉, 월급 300만원짜리 직장에서 퇴사를 하게 되면 자산이 7억2,000만원 줄이는 것과 같다.

그러므로 직장인이라면 자신의 일터에서 최대한 버티고 살아남아서 자산증식에 이바지해야 한다.

네 번째, 건강보험료를 줄일 수 있다

우리나라 건강보험료 징수 체계는 크게 지역가입자와 직장가입자로 나누어진다. 그런데 일반적으로 비슷한 소득에 비슷한 재산을 보유하고 있더라도 지역가입자(주로 '재산 + 소득'을 기준으로 부과)들이 매달 납부해야 하는 월 건강보험료가 직장가입자(주로 '급여'를 기준으로 부과)보다 훨씬 많다. 즉, 동일한 규모의 소득과 자산을 갖고 있음에도 불구하고 동일한 의료서비스를 제공받기 위해 납부해야 하는 금액에서 차이가 난다.

나를 예로 들어보겠다. 맞벌이를 하고 있는 우리 부부의 근로소득은 내가 조금 더 많은 편이다. 하지만 재산(부동산)의 보유액은 아내가 더 많다. 그런데 직장가입자인 아내보다 지역가입자로 분류되어 있는 나의 건강보험료가 세 배 이상 부담이 크다. 지역가입자라는 이유(물론 세분화된 다른 이유가 있을 것이다)만으로 재산이 더 많은 아내보다 내가 건강보험료를 더 내고 있는 것이다. 이렇게 직장인이라는 신분을 유지함으로 인해 알게 모르게 절약할 수 있는 비용들이 많다.

다섯 번째, 심리적 안정감이 크다

전업투자를 하게 되면 일반적으로 마음이 조급해질 수밖에 없다. 고정수입이 없어졌기 때문에 빠른 시간 내에 수익(결과물)을 만들어내지 못하면 벌어놓은 돈을 까먹어야 한다는 생각이 들기 때문이다. 그러므로 전업투자자들에게는 늘 '조급함'이 따라다닐 수밖에 없다.

조급함으로 인해 성급하게 투자를 했다가 실수를 할 확률도 높아진다. 이와는 반대로 직장인에게는 월급이라는 안정된 고정수입이 있으므로 지금 당장 수익을 내지 못한다 하더라도 크게 부담이 되지는 않는다.

즉 '심리적', '경제적'으로 안정감이 있기 때문에 조급함에서 오는 실수를 줄일 수가 있다. 또한 잘못된 투자로 손해를 입는다 해도 고정수입이 있기 때문에 버틸 수 있다.

그러므로 자신이 아래 두 가지 조건을 모두 갖추지 못했다면 절대 전업을 생각하지 말고 직장생활에 더욱 충실하길 바란다.

첫 번째 조건, 월급 이상의 자본소득이 있을 것!

두 번째 조건, 나이가 50살 이상일 것!

단순히 눈에 보여지는 '시간'과 '공간'의 여유로움 때문에 '경제적인 여유'를 잃지 않기를 진심으로 바란다.

요즘 주식, 코인 등의 투자로 30~40대 파이어족을 꿈꾸는 젊은 직장인들이 늘어나고 있다. 그런데 근로소득에서 은퇴하기 위해서는 은퇴 이후부터 죽을 때까지 사용 가능한 자금을 만들어 놓는 것은 기본 중에 기본이다. 그리고 여기에 '+알파'가 되어야 하는 것이 있다. 바로 은퇴 이후에 어떻게 인생을 살 것인지에 대한 계획도 분명하게 갖고 있어야 한다. 아무런 계획 없는 무작정 은퇴의 즐거움은 정말 길어야 1~2년이다. 한참 일할 나이이기 때문에 친구들은 모두 그 시간에 일을 하고 있다. 또한, 가족들과 여행을 다니며 지내는 것도 한두 달이다. 자칫 그 이후에 무료한 삶이 될 수도 있기 때문에 특히나 젊었을 때 근로소득에 대한 은퇴를 생각한다면 물질적인 부분뿐만 아니라 시간에 대한 계획까지도 꼼꼼하게 세워놓을 필요가 있다.

인기 웹툰 「미생」에서 '직장은 전쟁터이고, 밖은 지옥이다'라는 말이 괜히 나온 말이 아니라는 것을 알고 전쟁터에서 최대한 버티며 투자를 병행하기를 바란다.

돈이 될 만한 아파트를 찍어주세요!

부동산과 관련된 상담 글을 자주 올리다 보니 이와 관련해서 상담을 받고 싶다며 쪽지와 메일을 보내주시거나 직접 사무실로 찾아오시는 분들이 제법 많다.

그런데 "투자할 만한 괜찮은 아파트를 추천해주세요!" 아니면 "부동산아저씨님은 어디에 투자를 해놓으셨는지 알려주세요!" 등의 질문이 생각보다 많다.

내가 진행하는 상담은 부동산과 관련된 '기본지식' 또는 '투자의 방향성', '마인드' 등을 주된 내용으로 다루고 있다. 그러므로 이러한 질문을 받으면 참으로 난감해진다.

무엇보다 내가 찍어주는 전문가도 아니고, 그렇다고 우리나라 모든 지역의 모든 아파트를 다 아는 것도 아닌데 자꾸만 '특정 지역'이나 '특정 아파트'를 찍어달라고 하니 이럴 때면 마음이 불편해진다.

그래서 특별한 경우가 아닌 이상 이렇게 물건을 찍어달라는 분들에게는 답장을 해드리지 않는 편이다. 또한, 이런 내용으로 방문(대면)상담을 요청하는 경우에는 아무리 많은 비용을 준다고 해도 상담에 응하지 않고 있다.

그런데도 내가 답장 또는 상담에 응할 때까지 계속해서 같은 질문을 하는 분들이 있다. 그래서 "돈이 될 만한 아파트를 찍어주세요!"라는 질문에 대한 답글로 에필로그를 대신하려 한다.

투자는 '결과물'이 중요하지만,
이에 못지않게 '과정'도 중요하다

투자란 자신이 결정하고 '득'과 '실'의 모든 결과물을 오롯이 자신의 몫으로 받아들이는 행위다. 그러므로 가장 중요한 것은 '결과물'이지만 이에 못지않게 '과정'도 중요하다.

지금까지 나의 투자를 되돌아보았을 때 과정이 좋으면 결과도 대부분 좋았다. 또한 그런 과정들이 쌓이다 보면 지금 당장은 아니더라도 언젠가 다른 투자에서 빛을 발할 때가 많았다.

나는 투자 대상의 물건을 사람을 알아가는 과정과 비슷하다고 생각한다. 그 사람의 성별, 이름, 나이, 가족, 이력, 직업, 성격, 말투 등 그런 것들을 하나씩 알아가면서 그 사람과의 거리가 가까워지기도 하고, 때로는 멀어지기도 하는 것처럼 투자 물건에 대해서도 손품, 발품을 팔면서 하나씩 알아가다 보면 그 물건에 대한 마음이 생길 수도 있고 아니면 반대로 마음을 접을 수도 있기 때문이다.

주변 사람이 찍어준 물건이 운이 좋아 한두 번 수익을 가져다줄 수도 있다. 하지만 그것은 단지 운이 좋았을 뿐이지 결코 실력이 아님을 알아야 한다. 그러므로 남들이 찍어준 물건에 투자하는 것은 오래가지 못할 뿐만 아니라 장기적인 투자의 관점에서 보았을 때에도 발전 가능성에 전혀 도움이 되지 않는다.

투자자의 수준에도 '급수'가 있다

부동산중개업을 오랫동안 하다 보니 다양한 사람들을 접하게 된다. 손님들과 대화를 하다 보면 투자의 수준이 '하수'인지 아니면 '고수'인지 대략적인 '수'가 보일 때가 있다. 그 손님이 하수, 중수,

고수 중에서 어디에 속하는지 나에게 하는 질문을 들어보면 대략적으로 해당 수준을 쉽게 알 수 있다.

1 | 하수

하수는 투자할 만한 괜찮은 물건을 찍어달라고 한다. 하수의 특징은 투자를 하고 싶어 하는 마음은 있다. 그런데 문제는 그 마음만으로 끝나는 경우가 거의 대부분이라는 것이다. 투자를 해서 돈을 벌고 싶다는 마음은 있는데 거기에 걸맞은 구체적인 공부(노력), 계획, 실천을 전혀 하지 않는다. 마음만 있을 뿐, 행동으로 옮기지 못하는 경우가 대부분이다.

그래서 이런 부류의 사람들에게는 아무리 괜찮은 물건을 소개해주어도 결국 되돌아오는 말은 "그것도 괜찮은데, 혹시 더 괜찮은 물건은 없을까요?"다. 이런 사람은 어차피 투자를 하지 않을 것이기 때문에 내 입장에서도 의무적으로 성의 없는 답만을 말해줄 때가 많다.

2 | 중수

다음으로 중수의 특징은 질문이 보다 구체적이라는 것이다. 하수처럼 "괜찮은 물건 있으면 추천해주세요!"가 아니라 "거긴 어때요?" 혹은 "그 아파트는 어때요?"라고 물어본다. 나름의 손품과 발품을 판 부류다. 그러므로 하수보다는 열의가 더 있고 실제 투자로 이어질 확률이 아주 조금은 더 있는 편이라고 할 수 있다.

하지만 이런 부류의 가장 큰 단점은 바로 '양은냄비'가 많다는 것이다. 처음에는 굉장한 열의를 갖고 손품도 팔고, 임장(현장답사)도 다닌다. 그런데 문제는 그 열정이 금세 식어버린다는 것이다. 그래서 투자에 대한 생각은 늘 가득한데 실제로 행동으로 이어지는 경우는 드물다.

중개업을 하다 보면 이 부류가 가장 안타깝다. 시간이 갈수록 이론이 쌓여서 머리는 무거워지는데 이와 비례해서 발걸음도 무거워져서 경험(실전투자, 실천)이 쌓이지 않는 경우가 많기 때문이다.

그러므로 이런 중수에 속하는 부류에게는 내가 아는 범위 내에서만 답을 해준다. 즉, 어떤 아파트단지에 대해서 물어보면 해당 단지에 대해서만 이야기를 해주게 된다.

3 | 고수

마지막으로 고수의 특징은 질문이 거시적이라는 것이다. 어떠한 매물 또는 단지 등에 대한 질문이 아니라 해당 지역에 대한 전반적인 분위기를 물어보거나 투자에 대한 방향성을 물어본다. 고수의 마음속에는 이미 자신이 생각해놓은 물건이 있다. 그리고 그 물건에 대한 기본적인 정보 수집을 어느 정도 마쳐 놓은 상태다.

결국 고수는 자신이 마음속에 담아 놓은 물건이 어떠냐를 묻기보다는, 그 물건이 속한 지역의 전반적인 분위기나 투자의 방향성에 대한 흐름을 물어봄으로써 투자 결정에 참고를 하려는 것이다.

고수는 반드시 투자를 할 사람이다. 해당 물건이 아니더라도 다른 물건에라도 반드시 투자를 할 사람이다. 그러므로 이런 고수에 속하는 부류에게는 내가 아는 범위뿐만 아니라 내가 더 조사하고 알아본 후에 '+알파'로 정보를 제공하곤 한다.

주변을 조금만 찾아보면 부동산전문가 또는 유명 네임드들이 많다. 혹시라도 이들에게 상담을 받게 될 기회가 생기면 고수처럼 질문을 던져보길 바란다. 해당 전문가의 보다 구체적 생각과 경험이 담긴 상담을 받게 될 확률이 높아질 것이다.

물건을 추천해달라는 말은 '결과'를 알려달라는 것과 같다. 그런데 중요한 것은, 결과를 알려주어도 각자의 상황, 투자성향, 경제적 여력 등이 모두 다르기 때문에 효과적이지 않을 때가 많다.

그러므로 결과를 알려달라고 하기보다는 '방법'을 알려달라고 하는 것이 좋다. 그 방법을 습득해서 자신에게 맞게 응용하는 것이 중요하다. 비록 속도 면에서는 조금 더디고, 돌아가는 느낌이 들 수는 있겠지만 안정적인 롱런투자를 위해서는 분명 거쳐야 하는 과정이라고 생각한다.

부동산투자는 본인이 깨치고, 고민하고, 선택해서 결국에는 실천으로 이어지는 것이 가장 중요하다. 다른 사람에게 의지하려는 습성을 버리고, 자신이 주체가 되어 능동적으로 실천하는 투자자가 되기를 바란다.

끝으로, 이 책을 읽는 분들의 '유주택'과 '행복한 재테크'를 기원한다!